BÄUME & RECHT | Band 1

Cedric Vornholt

Baumschutz aus rechtlicher Sicht

Über den rechtssicheren Umgang mit geschützten Bäumen

Haymarket Media

Die in diesem Buch enthaltenen Empfehlungen und Angaben sind vom Autor mit größter Sorgfalt zusammengestellt und geprüft worden. Eine Garantie für die Richtigkeit der Angaben kann aber nicht gegeben werden. Autor und Verlag übernehmen keinerlei Haftung für Schäden und Unfälle.

Kontakt zum Autor:
Dr. Cedric Vornholt, Rechtsanwalt
FPS Fritze Wicke Seelig Partnerschaftsgesellschaft von Rechtsanwälten mbB
Eschersheimer Landstraße 25–27
60322 Frankfurt am Main
E-Mail: vornholt@fps-law.de
Internet: www.fps-law.de

Bibliographische Information der Deutschen Bibliothek
Die Deutsche Bibliothek verzeichnet diese Publikation in der Deutschen Nationalbiographie;
detaillierte bibliographische Daten sind im Internet über http://dnb.dnb.de abrufbar.

VORNHOLT, C., 2024: Baumschutz aus rechtlicher Sicht. Über den rechtssicheren Umgang mit geschützten Bäumen. Reihe: Bäume & Recht, Band 1. Haymarket, Media, Braunschweig, 88 Seiten.

Mit einem Vorwort von Prof. Dr. Dirk Dujesiefken.

1. Auflage 2024

Postfach 8364, 38133 Braunschweig
Tel.: +49 531-3 80 04-0, Fax: +49 531-3 80 04-25
E-Mail: info@haymarket.de
taspo.de/baumzeitung
shop.taspo.de

Die im Buch verwendeten Abbildungen stammen in der Regel vom Autor. Bei Abbildungen aus anderen Quellen erfolgt der Nachweis direkt in der Bildlegende.

Für eine bessere Lesbarkeit der Texte verwenden wir in der Regel die männliche Form, im Sinne der Gleichstellung sind aber alle Geschlechter gemeint.

Herstellungskoordination: Dipl.-Biol. Anja Pieper
Satz: deckermedia GbR, Graal-Müritz
Druck: Kunst- und Werbedruck GmbH & Co. KG, Bad Oeynhausen
Printed in Germany

ISBN 978-3-87815-290-3

Vorwort

Ich freue mich sehr, dass es nach vielen Jahren wieder ein aktuelles Buch zum Baumschutzrecht gibt. Die gesamte „grüne Branche“ benötigt ein derartiges Praxishandbuch, denn das Wissen über das Baumschutzrecht ist für viele Personen relevant: Wer mit Bäumen zu tun hat, muss sich beispielsweise auch um Fragen der Haftung oder des Nachbarrechts kümmern. Dieses Themengebiet ist sehr komplex und für juristische Laien schwer zu überblicken. Zugleich sind verschiedene Baumschutzvorschriften und damit die entsprechenden Erhaltungspflichten und/oder Anpflanzungspflichten zu beachten. Das Internet hilft hier nur bedingt weiter. Deswegen war ein derartiges Buch mehr als überfällig. Diese Lücke wird nun durch dieses Buch geschlossen.

Erfrischend an diesem Werk ist die Herangehensweise des Autors, der auf lange Herleitungen und rechtliche Fachdiskussionen verzichtet und damit einen praxisgerechten Leitfaden in einem handlichen Format erarbeitet hat. Ratsuchende werden über das Inhaltsverzeichnis oder das Stichwortverzeichnis schnell die gewünschten Informationen sowie Hinweise zu weiterführenden Fachartikeln und Urteilen finden. Mit diesem Werk ist es gelungen, alle wichtigen Themen zum Baumschutzrecht in kompakter Form vorzustellen.

Der Themenkomplex „Bäume & Recht“ ist jedoch noch vielfältiger. Man denke beispielsweise an Ausschreibungen und Vergabe von Leistungen an Bäumen sowie an die Baumkontrolle und die Verkehrssicherungspflicht. Um auch diese rechtlichen Themen in entsprechender Form als Buch herauszubringen, planen Autor und Verlag eine weitere Zusammenarbeit. Der Verlag Haymarket Media lässt damit die rote Buchreihe über Bäume und Recht wiederaufleben. 1995 erschien hier das erste Buch von Helge Breloer, zwei weitere folgten und sie wurden bis 2007 immer wieder aktualisiert.

Dieses Konzept ist hervorragend. Die Herausgabe einer Buchreihe zu verschiedenen rechtlichen Themenschwerpunkten ermöglicht eine schnellere Reaktion auf Neuerungen, wie neue Gesetze oder Änderungen in der Rechtsprechung. Einzelne Ausgaben einer Buchreihe lassen sich schneller aktualisieren als ein umfassendes Standardwerk. Das hat zugleich viele Vorteile für die Nutzerinnen und Nutzer. Das aktuelle Wissen wird der Praxis auf diese Weise so schnell wie möglich zur Verfügung gestellt.

Ich hoffe, dass dieses Buch allen, die in der „grünen Branche“ arbeiten, mehr Sicherheit bei fachlichen Entscheidungen geben wird. Dies gilt besonders für mögliche Konflikte an der Grundstücksgrenze oder nach einem Schadensfall. Zugleich ist es meine Hoffnung, dass durch diese Fachinformationen Fällungen aufgrund von rechtlichem Unwissen oder aus Angst vor Haftungsansprüchen verhindert werden können. Dann hätte dieses Buch auch einen Beitrag zum Erhalt von Bäumen geleistet.

Ich wünsche diesem Praxishandbuch eine weite Verbreitung.

Prof. Dr. Dirk Dujesiefken
Institut für Baumpflege, Hamburg

Inhalt

1 Einleitung

Die Bedeutung des Baumschutzes hat angesichts der Folgen des Klimawandels in den letzten Jahren stark zugenommen. Bäumen kommt vor allem in der Stadtplanung und in der Stadtentwicklung eine zunehmend wichtigere Rolle zu, die wegen ihrer Ökosystemleistungen konsequent ist. Diese Ökosystemleistungen rechtfertigen den rechtlichen Schutz von Bäumen.

Der rechtliche Rahmen für den Schutz, aber auch für die verbindliche Neupflanzung von Bäumen wurde in den letzten Jahren nicht sonderlich beachtet. Die rechtlichen Instrumente des Baumschutzes sind allerdings bereits seit Jahrzehnten etabliert und – wenn sie angewendet werden – auch ganz überwiegend in der Praxis bewährt. Das deutsche Baumschutzrecht funktioniert, gleichwohl ist es verbesserungswürdig. Bislang ist der Baumschutz primär eine Aufgabe der Städte und Gemeinden. Verbindliche gesetzliche Vorgaben sucht man abgesehen von einigen wenigen Ausnahmen sowohl auf Landes- als auch auf Bundesebene vergeblich.

Dass sich der rechtliche Rahmen des Baumschutzes in absehbarer Zeit grundlegend wandelt, ist momentan nicht erkennbar. Zwar bereitet die Europäische Union derzeit die Verordnung zur Wiederherstellung der Natur vor, deren Entwurf auch Inhalte zum urbanen Baumbestand und Stadtgrün enthält (Antoni/Vornholt, Baumzeitung 3/2023, 43). Es drängt sich derzeit aber nicht auf, dass sich die nationale Rechtslage deswegen grundlegend ändern muss und wird.

Kommunale Entscheidungsträger und Bedienstete, die planerische und gärtnerische Praxis sowie Juristen sind deswegen auch zukünftig mit der aktuellen rechtlichen Situation konfrontiert. Für diejenigen, die mit dem Baumschutz rechtlich befasst sind, soll dieses Buch beim Einstieg in die Materie helfen und als Nachschlagewerk bei rechtspraktischen Fragen dienen. Auf vertiefte dogmatische Erläuterungen wird bewusst verzichtet.

Zur ganz überwiegenden Zahl der Fragen des Baumschutzrechts gibt es vertiefte Rechtsprechung, gelegentlich auch Fachaufsätze. Insbesondere die Verweise auf die Rechtsprechung sollen anregen, sich bei Interesse mit den juristisch spannenden Fragen des Baumschutzrechts zu beschäftigen.

2 Rechtliche Grundlagen / Allgemeines

Der rechtliche Schutz von Bäumen ist kein neues Thema und vor allem die Verwaltungsgerichte sind regelmäßig damit befasst. In der öffentlichen Diskussion um die Bewältigung der Folgen des Klimawandels hat die Bedeutung von Bäumen in den letzten Jahren enorm an Relevanz gewonnen. Vor allem Städte und Gemeinden befassen sich nun verstärkt mit dem Schutz und der Ausweitung ihres Baumbestands. Daneben ist auch der Baumbestand auf Privatflächen zu schützen und zu fördern. Die Rechtswissenschaft hat sich damit bislang nur am Rande befasst, aber auch dies ändert sich mittlerweile zunehmend.

2.1 Begriff und Regelungsgegenstand des Baumschutzrechts

Die rechtliche Perspektive auf den Baumschutz ist primär eine umweltrechtliche. Als Oberbegriff hat sich für diese Materie mittlerweile der Terminus *Baumschutzrecht* etabliert. Hierunter sind 1994 (Günther) und 2022 (Vornholt) zwei Arbeiten erschienen, die sich im Rahmen von Dissertationsprojekten mit dem rechtlichen Komplex des Baumschutzes ausführlich befassen.

Über die Jahre hat sich auch der Regelungsgegenstand des Baumschutzrechts herausgebildet. Der Fokus des Baumschutzrechts liegt auf den Stadtbäumen oder allgemein auf den Bäumen im besiedelten Gebiet. Dies liegt nicht (nur) daran, dass Menschen die Wohlfahrtswirkungen von Bäumen unmittelbar spüren. Entscheidend ist vielmehr, dass sich die meisten Baumschutzvorschriften hierauf konzentrieren. Für Bäume in der Landschaft gelten kaum Vorschriften, auch sind dort wegen geringerer anthropogener Einflüsse die rechtlichen Konflikte seltener.

Baumschutzvorschriften finden sich ausschließlich in naturschutzrechtlichen und öffentlich-baurechtlichen Regelwerken. Letzteres ist auf den ersten Blick nicht unbedingt zu erwarten, aber insbesondere im Bauplanungsrecht hat der Baumschutz eine lange Tradition. Entsprechende Festsetzungsmöglichkeiten für Bebauungspläne kannte schon die Urfassung des Bundesbaugesetzes, die sich auch heute noch im Baugesetzbuch fast unverändert finden.

Dass das Baumschutzrecht Waldbäume nicht erfasst, ist konsequent. Mit dem Bundeswaldgesetz, das derzeit novelliert wird, und den Landesforstgesetzen gilt für den Wald ein eigenes Rechtsregime. Das Forstrecht ist zudem ein Zusammenspiel aus Umweltrecht und öffentlichem Wirtschaftsrecht, da die Waldbewirtschaftung („Forstwirtschaft“) ein zentrales Element des Forstrechts ist.

Das Baumschutzrecht konzentriert sich hingegen ausschließlich auf den Baum als einzelnes Schutzobjekt. Dies bedeutet jedoch nicht, dass Baumschutz nur als *Baumkonservierung* zu verstehen ist. Der Begriff des Baumschutzrechts umfasst neben den Baumerhaltungsvorschriften auch die Anpflanzungspflichten. Baumschutz ist auch Baummehrung (Vornholt, Baumschutzrecht, 25). Inhaltlich befassen sich die beiden ersten Kapitel deshalb nicht nur mit den Erhaltungsvorschriften, sondern auch mit den Anpflanzungsvorschriften.

Wo Mensch und Baum zusammentreffen, sind Interessenskonflikte und rechtliche Spannungen zwangsläufig. Bei Bauvorhaben oder am Nachbarzaun können sich diese Konflikte entladen. Einige dieser Konflikte werden in eigenen Kapiteln behandelt.

2.2 Erforderlichkeit

Eine wesentliche Voraussetzung für den Erlass von Rechtsvorschriften ist, dass diese überhaupt erforderlich sind. Diese Erforderlichkeit hat sowohl eine rechtliche als auch eine tatsächliche Komponente, die sich beim Baumschutz jedoch weitgehend überschneiden. Es gibt zwar ein paar rechtliche Feinheiten bei der juristischen Erforderlichkeit, die beim Baumschutz jedoch selten bedeutsam sind und meist nur bei Bebauungsplänen zu beachten sind. Bei Baumschutzvorschriften lässt sich deren Erforderlichkeit in der Regel mit den Ökosystemleistungen von Bäumen rechtfertigen.

Bäume erbringen nicht nur regulierende Ökosystemleistungen und Versorgungsleistungen. Sie haben auch einen hohen gestalterischen und sozialen Wert. In der modernen Stadtplanung sind das Stadtgrün allgemein und Bäume im Speziellen deswegen nicht hinwegzudenken (umfassender Überblick zu den Ökosystemleistungen von urbanem Grün: Breuste, Die Grüne Stadt, 100 ff.).

Zu den wichtigen regulierenden Ökosystemleistungen gehören die Kohlenstoffbindung sowie die Sauerstoffproduktion durch Bäume mittels Photosynthese. Allein wegen ihrer Masse sind Waldbäume in der Summe sicherlich überragend bedeutsam, aber auch die Wirkung von Stadtbäumen ist nicht zu vernachlässigen (Moser et al., AFJZ 2018, 94). Zudem tragen Stadtbäume nicht nur zu einem besseren Stadtklima bei, sondern sie sind auch von enormer Bedeutung für das Stadtbild. Aus anthropozentrischer Sicht sind Stadtbäume für den Erhalt und die Schaffung lebenswerter Städte deswegen unverzichtbar.

Werden Baumschutzvorschriften mit der Funktion als Kohlenstoffspeicher begründet, ist zu berücksichtigen, dass diese Ökosystemleistung von Einzelbäumen lokal nur eingeschränkt Wohlfahrtswirkungen entfaltet und primär einen mosaikhaften Beitrag leistet, um die Klimaschutzziele zu erreichen. Daraus ist jedoch nicht zu schließen, dass der Beitrag von einzelnen Bäumen als Kohlenstoffspeicher zur Begründung baumschützender Regelungen beispielsweise in kommunalen Satzungen ungeeignet ist. Denn wegen § 13 Abs. 1 S. 1 KSG sind mittlerweile sämtliche Träger öffentlicher Aufgaben dazu verpflichtet, bei ihren Planungen und Entscheidungen den Schutz vor den Auswirkungen des Klimawandels zu berücksichtigen. Das Klimaschutzgesetz spricht daher dafür, baumschutzrechtliche Vorschriften auch mit der Kohlenstoffspeicherleistung begründen zu können.

Durch Transpiration und als Schattenspender kühlen Bäume ihre unmittelbare Umgebung ab und verbessern das urbane Mikroklima spürbar. Vor allem in den stärker als der ländliche Raum erwärmten Städten werden diese Effekte immer relevanter. Die Kühlleistung hängt dabei primär von der städtischen Umgebung sowie von den Baumarten ab. Bei dichtem Kronenbewuchs können Bäume zudem die einfallende UV-Strahlung erheblich reduzieren (Moser et al., AFJZ 2018, 94).

Bäume sind für den Schutz der Umweltmedien Boden und Wasser von besonderem Wert. Auf versiegelten Flächen gelangt das Niederschlagswasser unmittelbar und verunreinigt in die Abwassersysteme. Bei Starkregen kann das Oberflächenwasser die Abwassersysteme überlasten und Überschwemmungen verursachen. Auf gut durchwurzelten und entsiegelten Flächen kann der Boden dagegen Regenwasser zurückhalten, sodass das Wasser gefiltert in das Grundwasser versickern kann und die Gefahr von Überflutungen sinkt (Moser et al., AFJZ 2018, 94). Zudem halten Bäume durch ihr Blätterwerk selbst Teile des Niederschlags zurück und können dadurch die Auswirkungen von Starkregen abmildern. Bäume schützen außerdem vor Bodenerosionen, indem sie die Windgeschwindigkeit vermindern und die Wasserspeicherkapazität von Böden erhöhen. Bei unversiegelten Böden mit schwacher Wasserspeicherkapazität drohen Erosionen durch den Oberflächenabfluss (Wassererosionen). Dem kann die Durchwurzelung des Bodens entgegenwirken (Breuste, Die Grüne Stadt, 100 ff.).

Die Ökosystemleistungen von Bäumen sind nicht nur anthropozentrisch zu betrachten, denn Bäume sind auch bedeutsame Habitate für diverse Lebewesen. Von der Wurzel bis zur Krone bieten sie Pilzen, Mikroorganismen, Insekten oder Vögeln vielfältige Lebensräume und dienen als Futterspender. Ein hoher Baumanteil ist daher ein wesentlicher Baustein zum Schutz der Biodiversität (Gürlich, Jahrbuch der Baumpflege 2009, 189). Rechtlich können Bäume demnach schutzwürdig sein, wenn sie Lebensraum bedrohter Tierarten sind.

Bei der Bewältigung und Reduzierung von Immissionen haben sich Bäume insbesondere als Feinstaubfilter bewährt (Hewitt et al., Ambio 2020, 62). Eine zu hohe Feinstaubbelastung bringt zahlreiche Risiken für die menschliche Gesundheit mit sich, insbesondere pneumologische Risken. In der Fortschreibung von Luftreinhalteplänen ist der Baumschutz deswegen fester Bestandteil (z. B. Luftreinhalteplan Leipzig, Fortschreibung 2018, 111). Um Lärmimmissionen zu reduzieren, eignen sich Stadtbäume selten. Für eine spürbare Reduktion des Lärmpegels bedarf es schon eines sehr dichten und flächenhaften Bewuchses (Ministerium für Wirtschaft, Arbeit und Wohnungsbau Baden-Württemberg, Städtebauliche Lärmfibel, 162). Allerdings können Bäume das subjektive Belästigungsempfinden reduzieren, wenn sie den Blick auf Immissionsquellen verdecken: Was man nicht sieht, wird oft auch als weniger störend wahrgenommen (Topp, in: Braum/Bartels, Wo verkehrt die Baukultur?, 40).

3 Erhaltungspflichten

Die klassische Form der Baumschutzvorschriften sind die Erhaltungspflichten. Sie zielen allein auf den Erhalt schutzwürdiger Bäume ab. Neupflanzungen sind hier nur als Ersatzpflanzungen für beseitigte Bäume möglich.

Erhaltungspflichten sind in diversen Vorschriften des Naturschutzrechts und des öffentlichen Baurechts zu finden. Im Naturschutzrecht dominieren Baumschutzsatzungen und Baumschutzverordnungen, die in den allermeisten Fällen Städte und Gemeinden vor Ort erlassen können. Auch Alleen und andere Formen von Baumbeständen können naturschutzrechtlich vor Eingriffen geschützt sein, ergänzen Baumschutzsatzungen aber nur. Der ortsweite Schutz des lokalen Baumbestands ist nur durch Baumschutzsatzungen möglich. Gesetzliche Vorschriften fehlen bislang in nennenswertem Umfang. Dies liegt vor allem daran, dass sich Bund und Länder dazu entschlossen haben, die Regelungskompetenz umfangreich an die Kommunen abzugeben.

Das öffentliche Baurecht wird häufig nur als Antagonist des Baumschutzes gesehen. Dadurch wird jedoch übersehen, dass durch Bebauungspläne und durch die Vorschriften zur Baustelleneinrichtung effektiv geschützt werden können. Insbesondere in Bebauungsplänen haben sich baumschützende Festsetzungen bundesweit etabliert. Mögliche Konflikte zwischen Bauvorhaben und Baumbeständen lassen sich durch Bebauungspläne frühzeitig erkennen und lösen, um spätere Baumfällungen zu vermeiden.

Das Bauordnungsrecht verlangt, dass rechtliche geschützte Bäume bei Bauarbeiten nicht beschädigt werden dürfen. Für die Überwachung existieren zum einen weitreichende behördliche Befugnisse. Zum anderen kann der Bauherr durch die Anordnung einer baumschutzfachlichen Baubegleitung dazu verpflichtet werden, Baumbestände aktiv zu schützen. Als Teil der umweltfachlichen Baubegleitung etabliert sich die baumschutzfachliche Baubegleitung zunehmend.

3.1 Naturschutzrecht

Den Schwerpunkt der naturschutzrechtlichen Erhaltungspflichten bilden die kommunalen Baumschutzsatzungen/-verordnungen. Daneben existieren verstreut noch einzelne naturschutzrechtliche Regelungen, die aber weniger bedeutend sind.

Die wichtigsten naturschutzrechtlichen Vorschriften über baumschutzrechtliche Erhaltungsvorschriften sind:

- Baumschutzsatzungen/-verordnungen (§ 29 Abs. 1, 2 BNatSchG, LNatSchG)
- Alleenschutz (§ 29 Abs. 3 BNatSchG, LNatSchG)
- Eingriffsregelung (§§ 14 ff. BNatSchG)
- Lebensstättenschutz (§ 39 Abs. 1 Nr. 3, § 44 Abs. 1 Nr. 3 BNatSchG)

Das temporäre Fällverbot (§ 39 Abs. 5 S. 1 Nr. 2 BNatSchG) ist keine baumschutzrechtliche Vorschrift, da die Regelung Bäume nur zeitweise im Jahreslauf vor Eingriffen schützt.

3.1.1 Kommunale Baumschutzvorschriften

Die rechtliche Unterschutzstellung von Bäumen ist primär kommunale Aufgabe. Dies resultiert zwar nicht zwingend aus den Vorschriften des Bundesnaturschutzgesetzes. Die konkretisierenden Regelungen der Landesnaturschutzgesetze führen letztlich jedoch zu diesem Ergebnis.

Das Bundesnaturschutzgesetz und die Landesnaturschutzgesetze schützen Bäume nicht durch eine zentrale Vorschrift. Die Landesnaturschutzgesetze schützen allenfalls bestimmte Baumtypen oder Gruppen wie Alleen. Ansonsten ist es weitgehend den Städten und Gemeinden überlassen, Bäume vor allem durch Baumschutzsatzungen oder Baumschutzverordnungen vor Fällungen und anderen schädigenden Maßnahmen zu schützen. Der Begriff der Baumschutzsatzung wird im Folgenden synonym für Baumschutzsatzungen und Baumschutzverordnungen verwendet.

3.1.1.1 Baumschutzsatzungen und Baumschutzverordnungen

Baumschutzsatzungen sind ein seit Jahrzehnten etabliertes Instrument zum Schutz von Bäumen. Der rechtliche Rahmen hat sich über Jahre nur im Detail verändert, im Wesentlichen ist dieses rechtliche Instrument unverändert geblieben. Baumschutzsatzungen gelten nur lokal und nicht überörtlich. Der Vorteil an der kommunalen Beschränkung ist, dass Städte und Gemeinden diese Baumschutzvorschriften an die individuellen Anforderungen vor Ort anpassen können.

Allerdings entscheidet auch jede Stadt und Gemeinde selbst darüber, ob sie eine Baumschutzsatzung erlässt. Dies führt bisher dazu, dass vielerorts keine Baumschutzsatzung gilt. Diverse statistische Erhebungen für einzelne Bundesländer (Flächenländer) haben gezeigt, dass in maximal 20 Prozent der Städte und Gemeinden eines Bundeslands eine Baumschutzsatzung gilt (zusammenfassend bei Vornholt, Baumschutzrecht, S. 30 f.). In den drei Stadtstaaten Berlin, Bremen und Hamburg gilt jeweils eine stadtweite Baumschutzverordnung.

Baumschutzsatzungen können auf Grundlage von § 29 Abs. 1, 2 BNatSchG in Verbindung mit den Landesnaturschutzgesetzen (Tab. 1) als geschützte Landschaftsbestandteile unter Schutz gestellt werden. Das naturschutzrechtliche Instrument der geschützten Landschaftsbestandteile ist zwar nicht allein für Bäume geschaffen worden. Der Baumschutz ist allerdings der praktisch bedeutsamste Anwendungsfall.

Tab. 1: Übersicht der Ermächtigungsvorschriften der Landesnaturschutzgesetze.

BW	BY	BE	BB	BR	HH	HE	MV
§§ 23 Abs. 6, 31 Abs. 2 NatSchG BW	Art. 12 Abs. 1 Art. 51 Abs. 1 Nr. 5 BayNatSchG	§§ 21, 27 BlnNatSchG	§ 8 Abs. 1, 2 Bbg NatSchGAG	§§ 20, 21 Brem NAtSchG	§§ 10, 11 HmbB NatSchAG	§ 21, 22, 44 HeNatG	§ 18 NatSchAG M-V
Nds	**NW**	**RP**	**SL**	**ST**	**SN**	**SH**	**TH**
§ 22 Abs. 1 NNatSchG	§ 49 LNatSchG NRW	§ 14 Abs. 1 RPLNatSchG	§ 39 Abs. 1 Nr. 1 SaarlNG	§ 15 Abs. 1 S. 2, 3 NatSchG LSA	§§ 19 Abs. 1 S. 1, 48 Abs. 1 S. 1 Nr. 3 Sächs-NatG	§ 18 Abs. 3 S. 1 LNatSchG S-H	§ 14 Abs. 1 ThürNatG

(BW = Baden-Württemberg, BY = Bayern, BE = Berlin, BB = Brandenburg, BR = Bremen, HH = Hamburg, HE = Hessen, MV = Mecklenburg-Vorpommern, Nds = Niedersachsen, NW = Nordrhein-Westfalen, RP = Rheinland-Pfalz, ST = Sachsen-Anhalt, SN = Sachsen, SH = Schleswig-Holstein, TH = Thüringen)

§ 29 Abs. 1, 2 BNatSchG gibt nur einen groben Rahmen vor, den die Bundesländer sehr unterschiedlich ausgestaltet haben. Gleichwohl lassen sich einheitliche Linien erkennen. Die wichtigsten Unterschiede gelten beim räumlichen Geltungsbereich der Baumschutzsatzungen. Die Verbotstatbestände können die Kommunen weitgehend eigenständig definieren, ebenso die Vorgaben an Ersatzpflanzungen und Kompensationszahlungen. Auf etwaige Unterschiede wird an entsprechender Stelle hingewiesen.

3.1.1.1.1 Zwecke und Erforderlichkeit von Baumschutzsatzungen

Jede Rechtsvorschrift muss aus rechtlicher Sicht auch erforderlich sein. Davon zu trennen ist die politische Erforderlichkeit, über die vor allem bei Baumschutzsatzungen in den kommunalen Parlamenten häufig intensiv gestritten wird.

Die rechtliche Erforderlichkeit ist weniger emotional aufgeladen und nach Auffassung des Bundesverwaltungsgerichts auch keine allzu hohe Hürde. In § 29 Abs. 1 S. 1 lässt die Festsetzung von Bäumen als geschützte Landschaftsbestandteile zu, wenn deren besonderer Schutz

- zur Erhaltung, Entwicklung oder Wiederherstellung der Leistungs- und Funktionsfähigkeit des Naturhaushalts,
- zur Belebung, Gliederung oder Pflege des Orts- oder Landschaftsbildes,
- zur Abwehr schädlicher Einwirkungen **oder**
- wegen ihrer Bedeutung als Lebensstätten bestimmter wild lebender Tier- und Pflanzenarten

erforderlich ist.

Diese Anforderungen müssen nicht kumulativ erfüllt sein. Die Aufzählung ist alternativ, sodass nur eine Variante erfüllt sein muss. Die Rechtsprechung war mit der Erforderlichkeit bislang selten befasst. Aufgrund der überragenden Bedeutung der Ökosystemleistungen von Bäumen genügt bereits das Ziel der Erhaltung des Baumbestands als Rechtfertigung einer Baumschutzsatzung (BVerwG, Beschl. v. 29.12.1988, 4 C 19/86, NVwZ 1989, 555; Beschl. v. 20.12.2017, 4 BN 8.17, BeckRS 2017, 139241).

3.1.1.1.2 Räumlicher Geltungsbereich

Baumschutzsatzungen gelten nur auf dem jeweiligen Stadtgebiet. Abhängig von der Rechtslage in den einzelnen Bundesländern ist zwischen dem Innen- und Außenbereich zu differenzieren. Dabei ist auf die bauplanungsrechtlichen Kategorien zurückzugreifen:

- Der Innenbereich betrifft die Flächen, die mit einem Bebauungsplan nach § 30 BauGB überplant sind oder die nach § 34 BauGB ohne Bebauungsplan dem Innenbereich zuzuordnen sind.
- Der Außenbereich bestimmt sich nach § 35 BauGB und umfasst zwangsläufig die nicht dem Innenbereich zugehörigen Flächen.

Ist eine ortsweite Unterschutzstellung nach den Landesnaturschutzgesetzen zulässig (z. B. § 22 Abs. 1 S. 2 NNatSchG), erübrigt sich die Unterscheidung zwischen Innen- und Außenbereich.

Die Definition des räumlichen Geltungsbereichs anhand bauplanungsrechtlicher Kategorien war bis in die 1990er Jahre umstritten. Das Bundesverwaltungsgericht hält diese Differenzierung jedoch für zulässig (BVerwG, Beschl. v. 1.2.1996, 4 B 303/95, NJW 1996, 1487). Durch die Änderungen von § 29 BNatSchG und die Übernahme der bauplanungsrechtlichen Terminologie in die Landesnaturschutzgesetze hat sich dieser Meinungsstreit jedoch mittlerweile erledigt.

Dennoch ist zu beobachten, dass in einigen Städten der räumliche Geltungsbereich eigenwillig und nicht nach den bauplanungsrechtlichen Kategorien bestimmt ist. Dies führt insbesondere dann zur Fehlerhaftigkeit der Baumschutzsatzung, wenn das Landesnaturschutzgesetz diese Unterteilung explizit vorgibt. Unproblematisch ist noch die Regelung, dass der Geltungsbereich sich auf *rechtkräftige Bebauungspläne* erstrecke (§ 1 Abs. 1 BSS Hünfeld). Unwirksame Bebauungspläne sind schließlich keine Bebauungspläne. Bedenklich ist jedoch, wenn der Geltungsbereich nicht anhand der bauplanungsrechtlichen Kategorien und somit nicht hinreichend bestimmbar festgelegt ist. Die Baumschutzsatzung von Neu-Isenburg gilt etwa für alle *Siedlungs- und Gewerbeflächen* (§ 3 Abs. 1). Es ist zwar zu erahnen, was gemeint ist. Allerdings sind insbesondere Siedlungsflächen bauplanungsrechtlich nicht konkret bestimmbar. Um solche rechtlichen Schwierigkeiten zu vermeiden, sollten die Begrifflichkeiten des Bauplanungsrechts, insbesondere der §§ 30, 34 BauGB und der §§ 2 bis 14 BauNVO, über die Baugebietstypen verwendet werden.

Gelegentlich ist der räumliche Geltungsbereich auch in Karten dargestellt. Wenn solche Karten verbindlicher Bestandteil der Baumschutzsatzung sind, drohen Fehler. Denn insbesondere der unbeplante Innenbereich gemäß § 34 BauGB kann sich dynamisch durch Siedlungstätigkeit verändern. Dies würde dann zu einem fortlaufendem Anpassungsbedarf der Baumschutzsatzung führen, was einen erheblichen Verwaltungsaufwand bedeutet, da die Satzung dann regelmäßig geändert werden muss.

3.1.1.1.3 Sachlicher Geltungsbereich

Durch Baumschutzsatzungen stehen nicht alle Bäume vor Ort unter Schutz. Die Baumschutzsatzungen gelten erst für Bäume ab einer bestimmten Größe. Maßgebliches Kriterium ist der in einem Meter Höhe gemessene Stammumfang. Gelegentlich gilt auch eine Höhe von 1,30 Meter (§ 2 Abs. 1 S. 1 BSV Berlin). In anderen Ländern, wie z. B. in der Schweiz (Baumgesetz Basel) oder in Großbritannien (Vornholt, EurUP 2023, 49), kann der Stammdurchmesser maßgeblich sein. In Deutschland hat sich dies nicht etabliert. Der Umfang des Mindeststammumfangs kann dabei sehr unterschiedlich sein. Als geringster Wert wurde gerichtlich bislang 30 cm anerkannt (VG Potsdam, Urt. V. 25.06.2010, 4 K 2392/07, BeckRS 2010, 50752). Einige Städte schützen Bäume erst ab einem Stammumfang von 120 cm oder mehr (§ 3 Abs. 2 BSS Pulkheim: 140 cm).

Überdies sind bestimmte Baumtypen und Baumstandorte vom Anwendungsbereich ausgenommen. Dies lässt sich zwar individuell vor Ort regeln, gleichwohl haben sich bundesweit bestimmte Ausnahmen etabliert:

- In einigen Baumschutzsatzungen sind **Nadelbäume** pauschal oder teilweise vom sachlichen Geltungsbereich ausgenommen (§ 3 Abs. 3 BSS Dortmund). Ginkgo-Bäume werden juristisch (und somit aus botanischer Laiensicht) als Laubbäume behandelt.

- **Obstbäume** sind regelmäßig vom Anwendungsbereich ausgenommen. Hintergrund ist der ertragswirtschaftliche Nutzen von Obstbäumen.

In Privatgärten kann dieser Aspekt jedoch auch vernachlässigt werden, weswegen Obstbäume in Privatgärten gelegentlich durch eine Rückausnahme dem Anwendungsbereich zugeordnet werden. Andernorts können Obstbäume auch grundsätzlich dem Anwendungsbereich unterstellt sein (§ 2 Abs. 1 BSS Heidelberg). Werden dadurch auch betrieblich genutzte Bäume erfasst, kann hierbei ein rechtlicher Konflikt mit der Berufsausübungsfreiheit gemäß Art. 12 Abs. 1 GG entstehen, der eine besondere Rechtfertigung der Unterschutzstellung erfordern kann.

- Bäume in **Baumschulen** und **Gärtnereien**

Bei diesen Bäumen steht der ertragswirtschaftliche Nutzen im Vordergrund und nicht der Vorteil der Ökosystemleistungen.

- **Öffentliche Flächen und Straßen**

Bäume an Straßen, auf öffentlichen Flächen und im öffentlichen Eigentum sind häufig vom Anwendungsbereich der Baumschutzsatzungen ausgenommen. Die Ausnahme für Straßenbäume führt dazu, dass der Konflikt zwischen Verkehrssicherungspflichten und Baumschutzvorschriften entschärft wird. Die Umsetzung von verkehrssichernden Maßnahmen an Bäumen kann durch Baumschutzvorschriften erschwert werden und eine behördliche Genehmigung für Einzelmaßnahmen erfordern.

Grundsätzlich ist es kritisch zu betrachten, dass Bäume im öffentlichen Verantwortungsbereich aus dem Anwendungsbereich von Baumschutzsatzungen umfangreich herausgenommen werden. Denn damit verpflichten Baumschutzsatzungen primär und einseitig private Grundstückseigentümer. Damit kommen Kommunen ihrer Vorbildfunktion, die für die Akzeptanz von Baumschutzvorschriften unerlässlich ist, nur unzureichend nach.

Sinnvoll ist die Ausnahme für Bäume in denkmalgeschützten Parkanlagen, sofern solche Anlagen im Stadtgebiet vorhanden sind. Dort droht ein Konflikt zwischen dem Denkmalschutz und dem Naturschutz. Da der Denkmalschutz zwangsläufig den umfangreichen Erhalt der Vegetation verlangt, wird dem Baumschutz in historischen Gärten bereits aus denkmalpflegerischen Aspekten regelhaft besonders Rechnung getragen.

- **Waldbäume**

Baumschutzsatzungen gelten nicht für Waldbäume (zur rechtlichen Walddefinition: Vornholt, WF 2/2023, 71). Mit dem Bundeswaldgesetz und den Landesforstgesetzen gilt für Wälder ein spezielles Regelungsregime. Vorsicht ist bei sogenannten urbanen Wäldern oder tiny forests geboten. Dabei handelt es sich zumeist um kleinere Flächen in Stadtgebieten, die häufig jedoch kein Wald im forstrechtlichen Sinne sind, zumeist weil sie zu klein sind. Dann unterfallen solche Baumbestände umfangreich den Baumschutzsatzungen, sodass zahlreiche Maßnahmen genehmigungspflichtig sind. Des Weiteren gilt für sie dann auch nicht die forstrechtliche Privilegierung (§ 14 BWaldG) für die Verkehrssicherungspflichten.

3.1.1.1.4 Schutzregime und Verbote

Die Regelungstechnik von Baumschutzsatzungen unterscheidet sich nicht wesentlich von anderen umweltrechtlichen Schutzvorschriften. Sie enthalten Verbote mit Genehmigungsvorbehalten. Die Verbote untersagen die unmittelbare Beseitigung sowie Maßnahmen, die zum mittelbaren Absterben von Bäumen führen können.

Baumschutzsatzungen funktionieren wie alle anderen Baumerhaltungsvorschriften primär über Verbote, die die Beseitigung oder Schädigung von Bäumen untersagen. Diese Verbote stehen unter einem Erlaubnisvorbehalt. Die Städte und Gemeinden können diese Verbote und Ausnahmen weitgehend selbstständig ausgestalten. Im Bundesnaturschutzgesetz und in den Landesnaturschutzgesetzen befinden sich dazu fast keine gesetzlichen Vorgaben.

Verstöße gegen die Verbote sind mit Bußgeldern bedroht. Daneben sind in der Regel auch Kompensationsmaßnahmen durchzuführen. Im Übrigen dürfen die Behörden zur Durchsetzung der Verbote auch Anordnungen zum Erhalt und zur Pflege geschützter Bäume treffen.

Verbotene Maßnahmen

Nach § 29 Abs. 2 S. 1 BNatSchG sind die Zerstörung, die Beschädigung oder die Veränderung geschützter Landschaftsbestandteile nach Maßgabe näherer Bestimmungen verboten. Dieser Dreiklang untersagter Maßnahmen findet sich in den allermeisten Satzungen wieder.

So gut wie keine Rechtsfragen werfen die Verbote der Beseitigung und der Zerstörung von Bäumen auf. Darunter fallen sämtliche Maßnahmen, die unmittelbar zum Absterben oder Verlust eines Baumes führen. Die Beseitigung setzt voraus, dass der Baum vollständig entnommen und entwurzelt wird. Beim zerstörten Baum bleibt gegebenenfalls noch der Baumstumpf stehen (Abb. 1). Das Ergebnis ist aber letztlich das Gleiche wie bei der Beseitigung. Neben dem Fällen ohne Entwurzeln (auf den Stock setzen) ist das Abbrennen von Bäumen eine weitere Variante der Zerstörung (Messerschmidt, § 29 BNatSchG, Rn. 82). Für die Praxis ist diese juristische Unterscheidung letztlich von keiner nennenswerten Bedeutung.

Abb. 1: Zerstörung durch Baumfällung. Foto: Pixabay

Bei dem Tatbestand der Beschädigung tauchen gelegentlich Abgrenzungs- und Differenzierungsfragen auf. Dies betrifft insbesondere die Abgrenzung von Zerstörung und Beschädigung. Der maßgebliche Unterschied liegt darin, dass die Zerstörung zum unmittelbaren Abgang eines Baumes führt. Die Beschädigung umfasst hingegen Eingriffe im Wurzel-, Stamm- und Kronenbereich des Baumes, die zu Langzeitschäden oder zu einem vorzeitigen Absterben eines Baumes führen können (§ 4 Abs. 2 BSS Marburg).

Für eine Beschädigung genügt eine bloße Substanzverletzung nicht. Entscheidend ist, dass der Eingriff geeignet ist, zum Absterben des Baums führen zu können. Keine Beschädigungen im Sinne der Verbote von Baumschutzsatzungen sind Pflegemaßnahmen, wenn sie fachgerecht ausgeführt sind. Im Übrigen sind sie nicht auf die Beschädigung des Baumes ausgerichtet, sondern haben allein dessen Erhalt zum Ziel.

Es haben sich diverse Fallgruppen herausgebildet, die in den Baumschutzsatzungen häufig auch explizit als Form der verbotenen Beschädigung genannt werden. Dabei handelt es sich um Regelbeispiele. Das bedeutet, die Aufzählung ist nicht abschließend, sondern umfasst praktisch die besonders bedeutsamen Fälle. Es können auch andere, nicht aufgeführte Maßnahmen untersagt sein. Regelbeispiele lassen sich daran erkennen, dass die Aufzählung mit den Worten „insbesondere“ oder „u. a.“ eingeleitet werden.

a) Schutz der Wurzeln

Durch das Verbot von Bodenverdichtungen und Bodenversiegelungen im Wurzelbereich sollen Wurzeln geschützt werden. Dadurch soll insbesondere vermieden werden, dass der besonders empfindliche Wurzelbereich für u. a. Stellplätze oder die Baustelleneinrichtung genutzt wird. Dieses Problem taucht auch bei der intensiven

Abb. 2: Unzureichender Wurzelschutz. Foto: Daniela Antoni

Nutzung von Grünflächen für Veranstaltungen auf (Formann, Stadt+Grün, 01/2015, 25). Da insbesondere öffentliche Grünflächen häufig jedoch vom Anwendungsbereich der Baumschutzsatzung ausgenommen sind, sind schützenswerte Bäume solchen Einwirkungen häufig schutzlos ausgesetzt.

Auch Aufschüttungen, insbesondere im Zusammenhang mit Bauarbeiten, können zu Bodenverdichtungen im Bereich der Wurzeln führen. Deswegen sind Aufschüttungen gelegentlich ein eigener Verbotstatbestand (§ 4 Abs. 4 S. 2 Nr. 2 BSS Offenbach).

Unerlaubte Bodenversiegelungen sind im Sinne der Baumschutzsatzung die Asphaltierung oder Pflasterung von Wurzelbereichen. Hier stellt sich immer wieder die Frage, ob Rasengittersteine eine solche verbotene Bodenversiegelung sind (OVG Koblenz, Urt. v. 23.08.2017, 6 A 11790/16.OVG, BeckRS 2017, 123678). Hierzu sind die Meinungen insbesondere bei den zuständigen Behörden sehr unterschiedlich. In der Praxis wird man bedenken müssen, dass solche Flächen, die mit Rasengittersteinen gepflastert sind, häufig auch als Abstellplatz genutzt werden und dass deswegen erhebliche Einwirkungen auf den Wurzelbereich zu befürchten sind.

Schließlich sind solche Maßnahmen untersagt, die Wurzeln unmittelbar schädigen können, beispielsweise Abgrabungen und Ausschachtungen (§ 4 Abs. 2 lit. d) BSS Maintal). Die Gefahr besteht, dass die Wurzeln unmittelbar bei den Arbeiten verletzt werden (Abb. 2). Darüber hinaus kann der Abtrag des Erdreichs auch die Standfestigkeit des Baums schwächen, woraus weitere Gefahren für den Baum und seine Umgebung erwachsen können.

Die Verbote gelten nicht nur für den Bereich unterhalb der Baumkrone (Kronentraufe). Sie erfassen häufig den gesamten Wurzelbereich, gleichwohl dieser nicht immer problemlos bestimmbar ist. Jedenfalls wird dadurch sichergestellt, dass das Verbot den individuellen Wuchsformen von Bäumen und ihren Wurzeln gerecht wird.

b) Schutz von Rinde und Stamm

Über Beschädigungen an Stamm und Rinde können insbesondere Pilze und andere Erreger von Baumkrankheiten in den Baum eindringen und diesen mittelfristig bis langfristig zerstören. Dieses Verbot ist in den Baumschutzsatzungen zumeist sehr vage gehalten. Eine Auflistung differenzierter Verbotsvarianten findet sich in diesem Zusammenhang nicht. Dies hat jedoch den Vorteil, dass auf aktuelle Entwicklungen reagiert werden kann.

So lässt sich beispielsweise ein Verbot zur Befestigung von Slacklines an Bäumen über diese Verbotsvariante rechtfertigen. Durch Slacklines können Druck- und Abriebschäden an Bäumen entstehen. Allerdings gilt auch hier, dass davon insbesondere Bäume in öffentlichen Grünanlagen betroffen sind, die oft vom Anwendungsbereich der Baumschutzsatzung ausgenommen sind. Deswegen bietet sich hier eine Regelung zur Befestigung von Slacklines über die Satzungen zur Nutzung öffentlicher Grünanlagen an (§ 3 Abs. 3 S. 3 Grünanlagensatzung Frankfurt am Main).

c) Eingriffe in die Baumkrone

Besonders auffällig sind massive Eingriffe in Baumkronen. Kronenkappungen oder erhebliche Rückschnitte können explizit als Regelbeispiel im Verbotskatalog aufgeführt sein (Abb. 3). Sollten radikale Kronenkürzungen ausnahmsweise erforderlich sein (Klug, Praxis

Abb. 3: Kappung der Krone.

Baumpflege, 162), sollte hierfür auf jeden Fall vorab die Zustimmung der zuständigen Behörde eingeholt werden. Hierbei kann es sich aus rechtlicher Sicht zwar um eine erlaubte Pflegemaßnahmen handeln, deren Notwendigkeit jedoch nicht ohne weiteres erkennbar ist.

d) Unerlaubte Zuführung von Stoffen

Neben den physischen und mechanischen Einwirkungen kann auch die Zuführung pflanzenschädlicher Substanzen untersagt werden. Besonders problematisch sind dabei die Verwendung von Auftausalzen und Unkrautvernichtungsmitteln, die eine Gefahr für Bäume darstellen. Gelangen diese Stoffe in den Boden, können sie eine Vergiftung verursachen und dem Baum langfristig seine Nährstoffversorgung entziehen. Die Verwendung von Auftausalzen kann gemäß Straßenrecht untersagt werden (z. B. § 10 Abs. 3 Hessisches Straßengesetz).

Des Weiteren können zahlreiche andere Substanzen unmittelbare Schäden an Bäumen verursachen. In Baumschutzsatzungen sind diese verbotenen Stoffe (wie Öle, Säuren oder Laugen) häufig detailliert aufgeführt. Als Orientierung kann die Auflistung der Musterbaumschutzsatzung der Gartenamtsleiterkonferenz (GALK) dienen.

Darüber hinaus fallen auch schädliche Gase unter das Verbot. Entscheidungen über Schäden an Bäumen durch Gase waren bislang nicht auffindbar.

3.1.1.2 Individualschutz in Bayern

Der Erlass von Baumschutzsatzungen ist politisch häufig ein Kraftakt. Daneben ist das verwaltungsrechtliche Verfahren zur Aufstellung einer Satzung insgesamt sehr aufwendig. Gesetzlich vorgeschriebene Beteiligungsverfahren können die Aufstellung einer Baumschutzsatzung noch weiter verzögern und erschweren (§ 14 Abs. 4 NNatSchG).

Anders als z. B. in Großbritannien hat sich in Deutschland die Unterschutzstellung von Einzelbäumen oder kleineren Baumgruppen als geschützte Landschaftsteile im Sinne von § 29 BNatSchG kaum etabliert. Dies liegt vor allem daran, dass die Bundesländer in ihren Landesnaturschutzgesetzen auf die flächenhafte Unterschutzstellung von Bäumen durch Satzung oder Verordnung ausgerichtet sind.

Bayern hingegen erlaubt daneben auch die Unterschutzstellung von Solitären und Einzelbäumen. Gemäß Art. 12 Abs. 3 BayNatSchG kann auch ohne Erlass einer Rechtsverordnung durch Einzelanordnung verboten werden, Gegenstände, die die Voraussetzungen des § 28 Abs. 1 BNatSchG oder des § 29 Abs. 1 BNatSchG erfüllen, zu beseitigen, zu zerstören, zu beschädigen oder zu verändern.

Die Einzelanordnung im Sinne dieser Vorschrift ist ein Verwaltungsakt der zuständigen Behörde und kann z. B. für einen Baumbestand auf einem bestimmten Grundstück ergehen (VGH München, Urt. v. 31.10.2000, 9 N 96.3505, NuR 2001, 524–526). Dabei ist jedoch darauf zu achten, dass die zu schützenden Bäume konkret und eindeutig erkennbar in dem Bescheid gekennzeichnet sind – anderenfalls ist die Anordnung zu unbestimmt und rechtlich angreifbar (VGH München, Urt. v. 19.01.2017, 14 B 15.1245, NuR 2017, 639–640).

3.1.2 Gesetzlicher Baumschutz

Ein umfangreicher und effektiver Schutz des Baumbestands lässt sich fast nur durch kommunale Baumschutzvorschriften erreichen. Allerdings gibt es auch vereinzelte gesetzliche Regelungen, die bestimmte Bäume schützen können. Sie sind in Anwendungsbereich und Reichweite jedoch erheblich eingeschränkt.

3.1.2.1 Sonderfall Mecklenburg-Vorpommern

Mecklenburg-Vorpommern hat sich als einziges Flächenland für einen unmittelbaren gesetzlichen Baumschutz entschieden. Bereits im Jahr 2006 führte man dort eine landesweite gesetzliche Regelung zum Baumschutz ein. Auch nach der Aktualisierung des Landesnaturschutzgesetzes hat Mecklenburg-Vorpommern dieses Modell beibehalten, um ein grundlegendes Schutzniveau für Bäume zu gewährleisten. § 18 NatSchAG M-V (ehemals § 26a des Landesnaturschutzgesetzes M-V) legt unmittelbar den Schutzbereich, die Verbote und Ausnahmetatbestände sowie die Ersatzleistungen bei Bestandsminderungen fest. Zusätzlich können Gemeinden Baumschutzsatzungen für Bäume erlassen, die nicht unter § 18 NatSchAG M-V fallen, um das Schutzniveau zu erhöhen.

Ein vergleichbares flächenweites Modell zum Baumschutz existiert ansonsten nur in den Baumschutzverordnungen der Stadtstaaten, die jeweils von ihren Senaten erlassen werden. Früher galt eine ähnliche Rechtslage auch in Brandenburg, wo bis 2011 Bäume landesweit durch eine zentrale Baumschutzverordnung geschützt wurden (Zerbel, LKV 2005, 536).

3.1.2.2 Alleenschutz

Alleen sind neben ihrer ökologischen Bedeutung vor allem auch als kulturhistorische Zeugnisse von besonderem Wert. Gleichwohl zahlreiche Initiativen sich um den Schutz und Erhalt von Alleen bemühen, sind sie vor allem durch Straßenbauvorhaben bedroht. Ihr rechtlicher Schutz ist deswegen besonders bedeutsam (Hönes, ZUR 2006, 304).

Die Möglichkeit, Alleen rechtlich gesondert zu schützen, ist in § 29 Abs. 3 BNatSchG ausdrücklich genannt. Ein rechtlicher Schutz von Alleen ergibt sich indes nicht unmittelbar aus der Vorschrift. Es handelt sich dabei um eine Öffnungsklausel, die es den Ländern erlaubt, eigene Vorschriften über den Schutz von Alleen (und einseitigen Baumreihen) zu erlassen.

Im Zusammenhang mit dieser bundesrechtlichen Regelung hat sich bislang noch kein einheitlicher rechtlicher Alleebegriff etabliert. Sinnvoll wäre beispielsweise eine Definition in den dem Bundesnaturschutzgesetz zugrundeliegenden Gesetzesmotiven, was bislang jedoch versäumt wurde. Der Wissenschaftliche Dienst des Bundestags definiert Alleen als zwei oder mehr parallel verlaufende Baumreihen an Straßen und Wegen (WD 1 – 143/05, 3) und lässt das in der Praxis wichtige Merkmal der Mindestlänge einer Allee komplett außen vor. In Nordrhein-Westfalen und Mecklenburg-Vorpommern müssen rechtlich geschützte Alleen mindestens 100 Meter lang sein (NRW LT-Drs. 16/11154, 161; M-V AmtsBl. 2016, 9).

Überlegenswert ist im Sinne des Alleenschutzes die Mindestlänge auf 50 Meter zu verringern. Von einer solchen Mindestlänge geht auch die Alleendefinition aus, die im Forschungsprojekt „Zum Alleenbestand in Deutschland" der Hochschule für nachhaltige Entwicklung Eberswalde (HNEE), der Deutschen Bundesstiftung Umwelt (DBU) und anderer Beteiligter herausgearbeitet wurde. Auf diese Definition sollte zumindest in den Bundesländern zurückgegriffen werden, in denen keine rechtliche Definition existiert.

Die Bundesländer schützen Alleen teils sehr unterschiedlich, sofern sie sie überhaupt schützen. In einigen Landesnaturschutzgesetzen sind

Beseitigungen und Beeinträchtigungen von Alleen als Regelbeispiele für Eingriffe im Sinne von § 14 Abs. 1 BNatSchG aufgeführt (z. B. § 5 Nr. 1 NNSchG).

Hessen (§ 25 Abs. 1 Nr. HeNatG) und Schleswig-Holstein (§ 21 Abs. 1 Nr. 5 LNatSchG S-H) schützen Alleen als Biotope. Die Bundesländer dürfen wegen § 30 Abs. 2 S. 2 BNatSchG in ihren Landesnaturschutzgesetzen selbstständig bestimmen, was als Biotop gilt.

3.1.2.3 Eingriffsregelung

Der naturschutzrechtlichen Eingriffsregelung können auch Bäume unterfallen (§§ 14 ff. BNatSchG). Allerdings erfasst die Eingriffsregelung meist nur Bäume im Außenbereich und nicht innerhalb besiedelter Flächen. Ob es überhaupt rechtlich möglich ist, dass die Eingriffsregelung auch Stadtbäume schützen kann, ist umstritten. Wegen § 18 Abs. 2 BNatSchG findet die naturschutzrechtliche Eingriffsregelung auf Baummaßnahmen im Zusammenhang mit Bauvorhaben im bauplanungsrechtlichen Innenbereich keine Anwendung. Damit verbleibt für die Eingriffsregelung bei Stadtbäumen schon deswegen nur ein sehr eingeschränkter möglicher Anwendungsbereich.

Nach der Legaldefinition von § 14 BNatSchG Vorschrift sind Eingriffe in Natur und Landschaft unter anderem Veränderungen der Gestalt oder Nutzung von Grundflächen, die die Leistungs- und Funktionsfähigkeit des Naturhaushalts oder das Landschaftsbild erheblich beeinträchtigen können. Dass die Beseitigung größerer Baumbestände als Eingriff zu beurteilen sein kann, war bereits häufiger Gegenstand von Gerichtsentscheidungen. Umstritten ist aber, ob die Eingriffsregelung auch auf Einzelbäume anwendbar ist.

3.1.2.3.1 Veränderung der Gestalt oder Nutzung von Grundflächen

Ein Eingriff setzt eine Veränderung der Gestalt oder Nutzung von Grundflächen voraus. Die Gestalt von Grundflächen ist deren äußeres Erscheinungsbild, z. B. Hügellandschaften oder Gewässer, aber auch Gehölze wie Wälder, Baumreihen, Büsche, Hecken, Baumgruppen oder Einzelbäume (OVG Münster, Beschl. v. 09.02.2017, 8 A 2206/15, NuR 2017, 350).

Veränderungen der Gestalt der Grundfläche sind Handlungen, Vorhaben und Maßnahmen, die eine Grundfläche in ihrem äußeren Erscheinungsbild betreffen. Darunter fällt neben Baumaßnahmen, Abgrabungen und Aufschüttungen auch die Beseitigung von Bäumen und anderen Pflanzen. Auch durch Rückschnitte von Bäumen kann die Gestalt der Grundfläche verändert werden. Dies gilt vor allem für Kronenrückschnitte, die in der Regel weithin erkennbar sind.

Die Beseitigung von Bäumen kann – anders als ihr Rückschnitt – auch eine Veränderung der Nutzung der Grundfläche bedeuten, beispielsweise wenn Baumfällungen eine landwirtschaftliche Nutzung auf der Grundfläche ermöglichen sollen. Meist setzt eine solche Nutzungsänderung immer voraus, dass Gehölze entfernt werden.

Dass Maßnahmen an Bäumen häufig nur einzelne oder kleinere Baumgruppen betreffen, steht einem Eingriff nicht entgegen. Der Gesetzgeber hat sich bewusst für einen weiten Eingriffsbegriff entschieden, der auch kleinere Maßnahmen erfassen kann:

„Wegen der Vielzahl der Eingriffstatbestände und ihrem höchst unterschiedlichen Gewicht vermag nur ein unbestimmter Rechtsbegriff die für die den Einzelfall notwendige Flexibilität zu gewährleisten.“ (BT-Drs. 7/3879, 23)

3.1.2.3.2 Erhebliche Beeinträchtigung

Die Veränderung selbst begründet noch keinen Eingriff. Sie muss auch die Leistungs- und Funktionsfähigkeit des Naturhaushalts oder das Landschaftsbild erheblich beeinträchtigen. Bei punktuellen Maßnahmen, wie beispielsweise der Fällung einzelner Bäume, spricht oft, aber nicht immer, der geringe Umfang der Maßnahme dagegen, dass sich der Eingriff erheblich auswirkt, wie im Folgenden zu erkennen ist.

Leistungs- und Funktionsfähigkeit des Naturhaushalts

Zum Naturhaushalt zählen gemäß § 7 Abs. 1 Nr. 2 BNatSchG die Naturgüter Boden, Wasser, Luft, Klima, Tiere und Pflanzen sowie das Wirkungsgefüge. Mit dem Schutz der Leistungs- und Funktionsfähigkeit soll durch die Vorschrift das ökologische Funktionieren der einzelnen Naturgüter sowie ihrer gegenseitigen Wechselwirkungen geschützt werden. Für Bäume sind dazu die regulierenden und versorgenden Ökosystemleistungen heranzuziehen. Die gestalterische Bedeutung von Bäumen ist durch den Schutz des Landschaftsbildes erfasst.

Die Beeinträchtigung muss die Leistungs- und Funktionsfähigkeit des Naturhaushalts verschlechtern. Pflegemaßnahmen an Bäumen beeinträchtigen die Leistungs- und Funktionsfähigkeit des Naturhaushalts indes zumindest aus rechtlicher Sicht nicht, da sie dem Erhalt von Bäumen und ihrer Funktionen für den Naturhaushalt dienen. § 14 Abs. 1 BNatSchG schützt nicht vor sämtlichen Beeinträchtigungen, sondern nur vor erheblichen. Bagatellfälle sind deswegen vom Eingriffsbegriff ausgeschlossen.

Die Rechtsprechung stellt bei der Beseitigung von Bäumen bislang primär auf deren Funktion als Habitat und damit auf ihre Bedeutung für den Erhalt der Artenvielfalt ab. Eine Beeinträchtigung ist danach erheblich, wenn sich der Baumbestand so stark reduziert, dass der Lebens- und Rückzugsraum von Pflanzen und Tieren verloren geht (OVG Koblenz, Urt. v. 28.8.2019, 8 A 11472/18, NVwZ-RR 2020, 431; OVG Magdeburg, Beschl. v. 14.1.2019, 2 M 114/18, NVwZ-RR 2019, 594). Entscheidend ist dabei, ob trotz des Eingriffs in der Nähe noch ausreichend gleichwertige Lebensräume verbleiben.

Übrigbleiben muss also ein Baumbestand, der den Verlust auffangen kann. Die Beseitigung einzelner Bäume wird deswegen unerheblich sein, wenn der Baumbestand in der näheren Umgebung den Verlust kompensieren kann. Dies setzt einen ausreichend großen und leistungsfähigen Baumbestand voraus. Allerdings kann sich der Maßstab auch verschieben, wenn der betroffene Baum ein Habitat besonders seltener und schutzwürdiger Pflanzen und Tiere ist. Letztlich muss dem einzelnen Baum aber eine überragende ökologische Funktion zukommen.

Landschaftsbild

Baumfällungen von größeren Baumbeständen und von Einzelbäumen sind grundsätzlich geeignet, das Landschaftsbild zu beeinträchtigen. Allerdings gilt dies kaum für Stadtbäume, da nur Auswirkungen auf das Landschaftsbild von Bedeutung sind. Beeinträchtigungen des Ortsbilds werden durch die Eingriffsregelung hingegen nicht untersagt, denn das Landschaftsbild umfasst nicht auch das Ortsbild. Verkürzt gesagt, das Ortsbild ist durch die besiedelte und bebaute Gegend geprägt, das Landschaftsbild umfasst immer auch den Bereich außerhalb von Siedlungsflächen.

Weder im Bundesnaturschutzgesetz noch im Baugesetzbuch ist das Kompositum Landschaftsbild definiert, obwohl das Baugesetzbuch das Landschaftsbild in der Bauleitplanung sowie bei Vorhaben im Außenbereich besonders berücksichtigt (§ 1 Abs. 5 S. 2, § 35 Abs. 3 S. 1 Nr. 5 BauGB). Ausgangspunkt des Begriffsverständnisses ist die Abgrenzung vom Ortsbild, da die beiden Begriffe im Bundesnaturschutzgesetz selbstständig verwendet werden (§ 29 Abs. 1 S. 1 Nr. 2 BNatSchG). Das Ortsbild prägende Bäume sind von § 14 BNatSchG deswegen nicht erfasst. Das Verwaltungsgericht München lehnte deswegen folgerichtig eine Beeinträchtigung des Ortsbilds durch die Fällung von zwei Kastanien ab:

„In dem Verfahren beim Landratsamt [...] wurde stets auf eine Beeinträchtigung des Ortsbildes abgestellt. Eine Beeinträchtigung des Ortsbildes ist jedoch nicht mit der Beeinträchtigung des Landschaftsbildes gem. § 14 Abs. 1 BNatSchG gleich zu setzen. Das Ortsbild ist in § 14 Abs. 1 BNatSchG nicht erwähnt, während dessen Schutz etwa bei der Festlegung geschützter Landschaftsbestandteile gemäß § 29 Abs. 1 Satz 1 Nr. 2 BNatSchG ausdrücklich berücksichtigt werden kann. Eine Beeinträchtigung des Ortsbildes ist deshalb angesichts der bewusst unterschiedlichen Formulierung im Rahmen des § 14 Abs. 1 BNatSchG nicht ausreichend.“ (VG München, Urt. v. 25.04.2012, M 9 K 11.3620, BeckRS 2012, 51288.)

Trotz dieser sehr eindeutigen Entscheidung des Verwaltungsgerichts München können sowohl Einzelbäume als auch Baumgruppen das Landschaftsbild prägen. Bei größeren Baumgruppen wirft dies regelmäßig wenig Schwierigkeiten auf. Die Beseitigung ganzer Baumreihen oder von Obstbäumen auf Streuobstwiesen wird in der Regel dazu führen, dass wesentliche Elemente des Landschaftsbilds wegfallen und dieses somit erheblich beeinträchtigt ist. Die Wegnahme von Einzelbäumen kann das Landschaftsbild in Einzelfällen erheblich beeinträchtigen, ist jedoch eher die Ausnahme als die Regel. Bei einem einzelnen Baum ist ausschlaggebend, dass er in der Landschaft markant auffällt und sein Fehlen deutlich bemerkbar ist. In den folgenden Konstellationen kommt eine Beeinträchtigung nach diesen Maßstäben in Betracht:

- Hutebäume, die die Flurbereinigung überlebt haben.
- „Bunte“ Bäume, die sich deutlich von der Umgebung abheben und Kontraste setzen.
- Bäume von gestalterischem Wert, die z. B. für Blickachsen unerlässlich sind (VG Frankfurt (Oder), Beschl. v. 29.11.2013, VG 5 L 229/13, NuR 2014, 437).

Abweichendes Landesrecht

Der Eingriffsbegriff ist nicht sehr präzise und lässt viel Deutungsspielraum. Um die Verwaltungspraxis zu erleichtern, haben viele Bundesländer in ihren Landesnaturschutzgesetzen nicht abschließende Kataloge mit zahlreichen Maßnahmen, die einen Eingriff darstellen (Positivkatalog) oder auch nicht dem Eingriffsbegriff unterfallen (Negativkatalog). Solche Positiv- und Negativkataloge sind im Rahmen der Abweichungsgesetzgebung durch die Bundesländer zulässig, sofern sie den bundesrechtlichen Eingriffsbegriff nicht modifizieren, sondern durch nicht abschließende, widerlegbare Vermutungen konkretisieren.

Die Bundesländer haben in ihren Landesnaturschutzgesetzen den Eingriffsbegriff in Bezug auf Baumbestände ausschließlich in Positivkatalogen konkretisiert. Negativkataloge können beim Baumschutz deswegen vernachlässigt werden.

Primär sind dort die Beseitigung und die erhebliche Veränderung von Alleen und Baumreihen genannt. Baden-Württemberg, Mecklenburg-Vorpommern, Nordrhein-Westfalen und Schleswig-Holstein schützen Alleen sowohl durch die Konkretisierungen des Eingriffsbegriffs in ihren Landesnaturschutzgesetzen als auch über eigenständige Schutzvorschriften im Sinne von § 29 Abs. 3 BNatSchG (§ 14 Abs. 1 Nr. 7 BW NatSchG; § 12 Abs. 1 Nr. 1 NatSchAG M-V; § 30 Abs. 1 Nr. 7 LNatSchG NRW; § 9 Abs. 1 Nr. 10 SächsNatG; § 8 Abs. 1 Nr. 9 LNatSchG S-H). Daneben wird in einzelnen Landesnaturschutzgesetzen die Beseitigung von Baumgruppen bzw. Gehölzgruppen zum Eingriff erklärt (§ 30 Abs. 1 Nr. 7 LNatSchG NRW; § 27 Abs. 2 Nr. 8 SaarlNG). Mindestgröße oder -umfang dieser schutzwürdigen Baumbestände lassen die Vorschriften aber offen.

3.1.2.4 Baumschutz durch Artenschutz

Keine Baumschutzvorschriften im eigentlichen Sinne sind die Vorschriften zum Artenschutz. Sie können aber mittelbar baumschützend sein, indem Bäume als Lebensraum diverser Arten geschützt sind. Die für den Baumschutz und die praktische Baumpflege relevanten artenschutzrechtlichen Vorschriften sind in § 39 BNatSchG zu finden. § 39 Abs. 5 S. 1 Nr. 2 BNatSchG regelt das temporäre Fällverbot vom März bis einschließlich September. Durch § 39 Abs. 1 Nr. 3 BNatSchG können Bäume als Lebensstätten geschützt sein. Daneben ist unbedingt darauf zu achten, dass bei baumpflegerischen Maßnahmen das artenschutzrechtliche Tötungs- und Verletzungsgebot gilt (dazu detailliert: Dujesiefken et al., Artenschutz und Baumpflege, S. 33 ff., 111 ff.).

3.1.2.4.1 Temporäres Fällverbot

In der Praxis äußerst bedeutsam ist das temporäre Fällverbot gemäß § 39 Abs. 5 S. 1 Nr. 2 BNatSchG. Danach ist es verboten, u. a. Bäume, die außerhalb des Waldes, von Kurzumtriebsplantagen oder gärtnerisch genutzten Grundflächen stehen, und andere Gehölze in der Zeit vom 1. März bis zum 30. September abzuschneiden, auf den Stock zu setzen oder zu beseitigen. Schonende Form- und Pflegeschnitte zur Beseitigung des Zuwachses der Pflanzen oder zur Gesunderhaltung von Bäumen sind zulässig.

Hierbei handelt es sich um keine Baumschutzvorschrift im eigentlichen Sinne, weil sie erstens dem Artenschutz dient und zweitens Bäume nicht dauerhaft schützt. Aufgrund der jüngeren Rechtsprechung hat sie für Maßnahmen an Bäumen einiges an Bedeutung verloren. Nach dem VGH Kassel sind gärtnerisch genutzte Grundflächen, für die die Regelung nicht gilt, weit auszulegen:

„Der Senat hält die Begründung, der Begriff der ‚gärtnerisch genutzten Grundfläche' sei […] weit auszulegen und umfasse alle (privaten) Gartenflächen, die der Mensch für einen der vielfältigen, ihm zur Verfügung stehenden Zwecke nutzt, für stimmig." (VGH Kassel, Beschl. v. 22.04.2022, 4 B 503/22, NVwZ 2022, 1477.)

Damit wird die Vorschrift für Bäume auf Grünflächen kaum noch anwendbar sein und sich primär auf Bäume an Straßen oder auf anderen Verkehrsflächen beschränken.

3.1.2.4.2 Lebensstättenschutz

Für Aufmerksamkeit sorgte eine jüngere Entscheidung des Verwaltungsgerichts Hannover, wonach Baumfällungen aus Gründen des artenschutzrechtlichen Lebensstättenschutz untersagt werden können (VG Hannover, Urt. v. 11.07.2022, 12 A 2491/18, NuR 2023, 644). Gemäß § 39 Abs. 1 Nr. 3 BNatSchG ist die Zerstörung von Lebensstätten wild lebender Tiere ohne vernünftigen Grund verboten.

Konkret ging es um die Beseitigung von Eichen und einer Weißdornhecke. Das Gericht berief sich auf eine bislang nicht veröffentlichte Entscheidung des OVG Lüneburg:

„Dass sowohl alte Eichen mit einem Stammdurchmesser von ca. 70 cm – wie die vom Antragsteller beseitigten Bäume – als auch eine 110 m lange ausgewachsene Weißdornhecke Lebensstätten, d. h. regelmäßige Aufenthaltsorte (vgl. § 7 Abs. 2 Nr. 5 BNatSchG) wild lebender Tiere sind, liegt auf der Hand. Dass ein Baum-Sachverständiger ausweislich der Angaben des Antragstellers bei seiner Anhörung sowohl die Hecke als auch die Bäume unmittelbar vor deren Beseitigung untersucht hat und das Vorhandensein von Nistplätzen oder Nisthöhlen ausschließen konnte, rechtfertigt keine andere Beurteilung. Denn der Begriff der Lebensstätte umfasst nicht nur Nistplätze und Nisthöhlen, sondern auch alle Örtlichkeiten, die von wild lebenden Tieren regelmäßig zur Nahrungssuche, zur Rast, zum Schutz, zur Balz oder zu anderen Zwecken aufgesucht werden. Dass sich gerade wild lebende Vögel und Insekten regelmäßig in alten Bäumen und Hecken aufhalten, steht außer Frage. Daher ist ohne weiteres davon auszugehen, dass auch die von dem Antragsteller beseitigten Gehölze Lebensstätten wild lebender Tiere gewesen sind. Folglich hat der Antragsteller durch die Entfernung dieser Gehölze Lebensstätten wild lebender Tiere zerstört." (OVG Lüneburg, Beschl. v. 24.11.2017, 4 ME 352/17)

Insbesondere die Feststellung, dass es nicht darauf ankomme, dass die Gehölze „unbewohnt" sein müssen, könnte den Schluss zulassen, dass Bäume durch die Vorschrift fast universal geschützt werden. Dem schob das Verwaltungsgericht Hannover aber selbst einen Riegel vor:

„Bei einer Subsumtion unter den Gesetzeswortlaut unterliegt nicht jeder Baum und jede Hecke dem Verbot der Beeinträchtigung oder Zerstörung gemäß § 39 Abs. 1 Nr. 3 BNatSchG. Zum einen liegt beispielsweise bei jungen oder nicht heimischen Pflanzen ein regelmäßiger Aufenthalt der hiesigen Flora und Fauna jedenfalls nicht gleichsam auf der Hand wie in dem vorliegenden Fall, sodass es diesbezüglich konkreter Feststellungen im Einzelfall bedürfte. Zum anderen ist der Verbotstatbestand dann nicht verwirklicht, wenn ein ‚vernünftiger Grund' für die Beeinträchtigung oder Zerstörung gegeben ist." (VG Hannover, Urt. v. 11.07.2022, 12 A 2491/18, NuR 2023, 644.)

Die Diskussion um den umfangreichen Baumschutz durch den naturschutzrechtlichen Lebensstättenschutz scheint bislang eine niedersächsische Besonderheit zu sein. Man kann sich schon fragen, warum das OVG Lüneburg seine Entscheidung aus 2017 nicht veröffentlichen ließ. Stützt sich eine Behörde auf den Lebensstättenschutz, wird sie kritisch zu prüfen haben, ob ein vernünftiger Grund die Maßnahme rechtfertigen kann (BVerwG, Beschl. v. 26.02.1992, 4 B 38/92, NVwZ-RR 1992, 467).

Das Verwaltungsgericht Hannover stellte zudem fest, dass eine Vielzahl von Maßnahmen im heimischen Garten die Anforderungen an einen vernünftigen Grund erfüllen. Die Entscheidung eignet sich deswegen nicht dazu, den Baumschutz über § 39 Abs. 1 Nr. 3 BNatSchG massiv auszuweiten und auf diese gesetzliche Grundlage zu stützen.

In der Praxis war zuletzt der Versuch zu beobachten, die Durchsetzung von Genehmigungen für Eingriffe in Bäume noch nachträglich wegen artenschutzrechtlicher Bedenken zu verhindern. Dies ist wegen der Legalisierungswirkung der Genehmigung bereits bedenklich und auch rechtlich nur schwer zu rechtfertigen, weil sich für ein solches Vorgehen schon keine Ermächtigungsgrundlage aufdrängt (VG Berlin, Beschl. v. 09.01.2024, VG 24 L 305/23, BeckRS 2024, 117).

3.1.2.5 Kein Baumschutz durch Telekommunikationsgesetz

§ 131 Abs. 1 S. 1 TKG bestimmt, dass Baumpflanzungen auf und an den Verkehrswegen und

Wirtschaftswegen nach Möglichkeit zu schonen sind und dass auf das Wachstum der Bäume Rücksicht zu nehmen ist. Dies klingt zwar auf den ersten Blick wie eine Baumschutzvorschrift im Zusammenhang mit Netzausbaumaßnahmen. Die Vorschrift regelt allerdings nur das zivilrechtliche Verhältnis zwischen Telekommunikationsunternehmen und dem Baumeigentümer und Baumbesitzern auf und an den Wegen. Gegenstand der Vorschrift sind Ansprüche auf Ausästungen und Regressansprüche.

3.2 Öffentliches Baurecht

Das öffentliche Baurecht stellt mit den Festsetzungsmöglichkeiten für Bebauungspläne sehr wirksame Instrumente für den Baumschutz bereit. Das Bauordnungsrecht steht dem um einiges nach, ermöglicht aber eine engmaschige Kontrolle des Baumschutzes auf Baustellen und kann die rechtliche Grundlage für eine baumschutzfachliche Baubegleitung bieten.

3.2.1 Bebauungspläne

In Bebauungsplänen lassen sich nach § 9 Abs. 1 Nr. 25 lit. b) Festsetzungen zum Erhalt von Bäumen treffen. Das Erhaltungsgebot untersagt in erster Linie, geschützte Bäume zu beseitigen. Die Erhaltungsbindung kann im Bebauungsplan sowohl zeichnerisch als auch textlich festgesetzt werden.

Vorab ist zu ermitteln, welche Bäume erhaltenswürdig sind. Dies können insbesondere ortsbildprägende Bäume sowie gesunde und standortangepasste Bäume mit großem kleinklimatischem Wert, aber auch Höhlen- oder Habitatbäume sein. Es können auch gestalterische Ziele verfolgt werden, um z. B. einen Übergang zu angrenzenden Wald- oder Landschaftsflächen zu gestalten.

Es bietet sich an, erhaltenswerte Bäume vor allem frühzeitig zu ermitteln, um Konflikte zwischen Baumerhalt und Baufenstern in der weiteren Planaufstellung zu vermeiden. Aus rechtlicher Sicht ist die Ermittlung der Erhaltenswürdigkeit für die Erforderlichkeit der Festsetzung relevant. Nach welchen Kriterien die Bäume ausgewählt werden, lässt sich in den Begründungen der Bebauungspläne nicht erkennen. Um zu beurteilen, ob die Festsetzung überhaupt erforderlich ist, sollte die Schutzwürdigkeit in der Begründung des Bebauungsplans erläutert werden. Ist der zu schützende Baumbestand homogen, wird eine allgemeine Begründung für die die Erhaltung rechtfertigenden Merkmale des Bestands genügen und nicht für jeden Einzelbaum erforderlich sein.

Die Festsetzungen kann die Gemeinde sowohl zeichnerisch als auch textlich treffen.

3.2.1.1 Festsetzungstechnik

Nr. 13.2. der Anlage zur Planzeichenverordnung (PlanZV) enthält die Planzeichen für die zeichnerische Festsetzung der zu erhaltenden Bäume. Mit diesen Planzeichen lassen sich sowohl Einzelbäume als auch Flächen, auf denen Bäume einer Bindung nach § 9 Abs. 1 Nr. 25 lit. b) BauGB unterliegen, festsetzen.

Die Festsetzungen sind für sämtliche Baugebietstypen möglich und können auch mit anderen Festsetzungen kombiniert werden. Üblich sind Kombinationen mit der Festsetzung von Grünflächen nach § 9 Abs. 1 Nr. 15 BauGB.

Im Beispiel (Abb. 4) ist die grün hinterlegte Fläche als Grünfläche nach § 9 Abs. 1 Nr. 15 BauGB festgesetzt und wird von einer Erhaltungsbindung für den vorhandenen Gehölzbestand überlagert – Bebauungsplan Nr. 135 „Junghainzehecken“ der Stadt Hofheim.

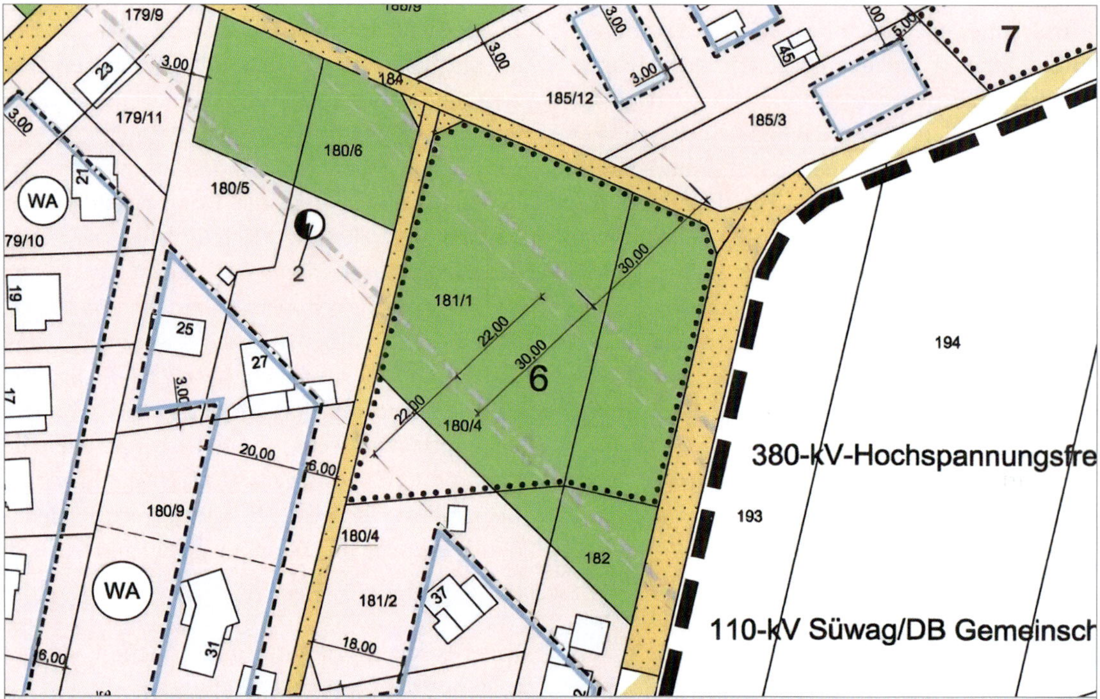

(Erläuterung zur Abbildung: Die grün hinterlegte Fläche ist als Grünfläche nach § 9 Abs. 1 Nr. 15 BauGB festgesetzt und wird von einer Erhaltungsbindung für den vorhandenen Gehölzbestand überlagert – Bebauungsplan Nr. 135 „Junghainzehecken" der Stadt Hofheim)

Abb. 4: Festsetzung von Grünfläche und Baumschutz.

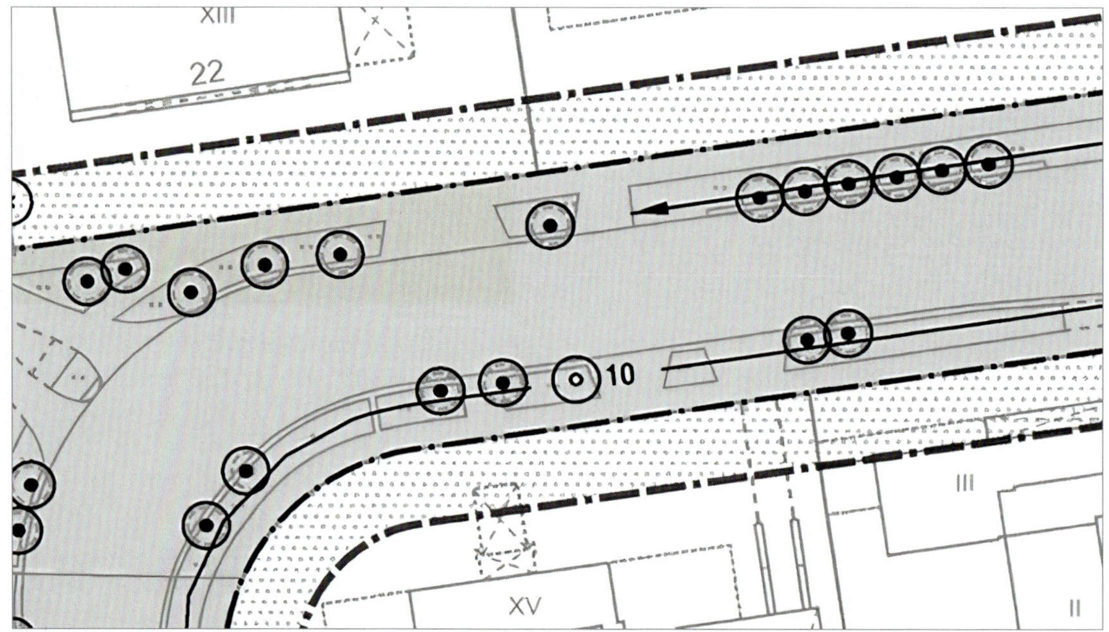

Abb. 5: Auszug aus dem Bebauungsplan Nr. 872 der Stadt Frankfurt a. M.

Werden Flächen mit Erhaltungsbindungen für Bäume festgesetzt – wie beim obigen Beispiel (Abb. 4), dann sind begleitende textliche Festsetzungen erforderlich. Das Bestimmtheitsgebot verlangt nämlich, dass hinreichend erkennbar ist, welche Bäume konkret geschützt sind (OVG Münster, Urt. v. 26.02.2015, 2 D 1/13.NE, BauR 2015, 1776).

Die begleitende textliche Festsetzung zum obigen Beispiel genügt diesen Anforderungen nicht, da sie nur die „Erhaltung eines geschlossenen Gehölzbestands mit Dominanz von Waldbaumarten“ fordert. Dennoch hat der Verwaltungsgerichtshof Kassel diese Festsetzung für rechtliche unbedenklich erachtet (VGH Kassel, Urt. v. 19.05.2021, 3 C 1198/17.N, BeckRS 2021, 21080), ohne dabei jedoch auf die Bestimmtheit einzugehen. Die Entscheidung überzeugt deswegen nicht.

Rechtlich unbedenklich sind begleitende Festsetzungen, die die geschützten Bäume konkret definieren. Dazu kann auf die Praxis zum sachlichen Schutzbereich von Baumschutzsatzungen zurückgegriffen werden, indem Bäume nach den dortigen Kriterien (Stammumfang, Baumart) unter Schutz gestellt werden.

Rechtlich unkomplizierter sind zeichnerische Festsetzungen für Einzelbäume.

Der Ausschnitt aus dem Bebauungsplan Nr. 872 „Lyoner Straße“ der Stadt Frankfurt am Main (Abb. 5) zeigt exemplarisch, dass sich auf diese Weise erhaltenswerte Bäume exakt festsetzen lassen. Entlang von Straßen kann es sich anbieten, Erhaltungsbindungen mit Anpflanzungspflichten zu kombinieren, um Alleen und Straßenbegleitgrün zu definieren.

Vorsicht ist geboten, wenn Bäume auf Baugrundstücken geschützt werden sollen. Besonders risikohaft sind Festsetzungen mitten im Baufenster.

Der Bebauungsplan M-176 der Stadt Oldenburg (Abb. 6) sieht eine solche Erhaltungsbindung

Abb. 6: Auszug aus dem Bebauungsplan M-176 der Stadt Oldenburg.

mitten im Baufenster vor. Dabei handelt es sich um eine Linde, die sich über die Jahre gut entwickelte. Letztlich wurde sie so groß, dass eine Bebauung des lange Zeit unbebauten Grundstücks im Sinne des Bebauungsplans nicht mehr möglich war. In einem solchen Fall ist die Festsetzung fehlerhaft, weil sie die mit dem Bebauungsplan ebenfalls zugelassene Bebaubarkeit letztlich verhindert. Der Bebauungsplan wird dann widersprüchlich und aller Voraussicht nach auch abwägungsfehlerhaft sein. Bei Planaufstellung ist deswegen unbedingt zu bedenken, dass ein Baum noch weiter wachsen und seine Krone in ausgewachsenem Zustand große Teile eines Grundstücks überdecken kann. Das Problem lässt sich weitgehend vermeiden, indem Erhaltungsbindungen auf Baugrundstücken nur innerhalb von nicht überbaubaren Grundstücksflächen festgesetzt werden. Solche nicht überbaubaren Grundstücksflächen werden durch Baulinien und Baugrenzen definiert (§ 23 BauNVO), die somit auch dem Baumschutz dienen können.

3.2.1.2 Erhaltungsfähige Bäume

Das Erhaltungsgebot gilt nicht, wenn Bäume nicht mehr erhaltungsfähig sind. Dies kann der Fall sein, weil ein Baum das Ende seines Lebenszyklus erreicht hat und eine Erhaltung deswegen objektiv unmöglich ist oder weil die erforderlichen Erhaltungsmaßnahmen unverhältnismäßig aufwendig wären (OVG Münster, Urt. v. 11.01.2002, 7a D 129/00.NE, BeckRS 2002, 18174). Insoweit gilt das Gleiche wie bei Baumschutzsatzungen, wonach natürlich abgängige Bäume nicht mehr erhalten werden müssen.

Aus Gründen der Rechtsklarheit bietet es sich an, den Umgang mit nicht mehr erhaltungsfähigen Bäumen im Bebauungsplan ausdrücklich zu regeln. Dazu lässt sich im Bebauungsplan festsetzen, dass die Festsetzung nur für erhaltungsfähige Bäume gilt. Alternativ kann eine Ausnahme nach § 31 Abs. 1 BauGB für nicht erhaltungswürdige Bäume in den Bebauungsplan aufgenommen werden, die eine Genehmigung erfordert.

3.2.1.3 Begleitfestsetzung zu Pflege und Schutz

Die allgemeine Verpflichtung zur dauerhaften Pflege der geschützten Bäume gilt sowohl für die anzupflanzenden Bäume als auch für die zu erhaltenden Bestandsbäume. Bei der Festsetzung der Pflegemaßnahmen ist darauf zu achten, dass sie für den Erhalt der geschützten Bäume erforderlich sein müssen (BVerwG, Urt. v. 08.10.2014, 4 C 30/13, NVwZ 2015, 159). Die allgemeine Festsetzung, dass Bäume dauerhaft zu pflegen sind, ist daher in diesem Sinne auszulegen und verlangt keine Pflegemaßnahmen, die über das für den Erhalt der Bäume Notwendige hinausgehen.

Formulierungsvorschlag: „Zu erhaltende und neu anzupflanzende Bäume, Sträucher und sonstige Bepflanzungen sind dauerhaft zu pflegen."

Für den Schutz zu erhaltender Bäume können mit den Verboten von Baumschutzsatzungen vergleichbare Regelungen getroffen werden, z. B. zum Schutz der Wurzeln.

Formulierungsvorschlag: „Die festgesetzten Standorte zu erhaltender Bäume sind von vorhandenen Bodenversiegelungen dauerhaft zu befreien und mit geeignetem wasserdurchlässigem Material/Substrat auszustatten."

Auch das Verbot von Aufschüttungen und Abgrabungen findet sich in der Praxis gelegentlich.

Formulierungsvorschlag: „Aufschüttungen und Abgrabungen im Traufbereich (alternativ: Wurzelbereich) geschützter Bäume sind unzulässig."

3.2.1.4 Städtebauliche Verträge

Vor allem im städtischen Bereich stehen neue Bebauungspläne in einem engen Zusammenhang mit konkreten Bauprojekten. Die allerwenigsten Bebauungspläne sind dort klassische Angebotsbebauungspläne, die sich an einen weiten und meist nicht näher bekannten Adressatenkreis richten. Stattdessen wird der Bebauungsplan in Zusammenarbeit von Stadt und Vorhabenträger erarbeitet – entweder als vorhabenbezogener Bebauungsplan oder als projektbezogener Bebauungsplan, der rechtlich noch als Angebotsbebauungsplan gilt (OVG Münster, Urt. v. 27.05.2013 – 2 D 37/12.NE, BeckRS 2013, 53700). Fast so bedeutsam wie der Bebauungsplan selbst ist der städtebauliche Vertrag, der begleitend zwischen Stadt und Vorhabenträger geschlossen wird.

Neben wohnungspolitischen Themen wie feste Quoten für Sozialwohnungen können im städtebaulichen Vertrag auch ökologische Themen abgestimmt werden. Es ist z.B. möglich, den Ausgleich für planbedingte Eingriffe in die Natur (§ 1a BauGB) über den städtebaulichen Vertrag zu regeln (Schwab, Städtebauliche Verträge, 2017, Rn. 180). Wird großer Wert auf die Freiflächengestaltung gelegt, lässt sich diese häufig in einem städtebaulichen Vertrag detaillierter regeln als in Festsetzungen des Bebauungsplans. Pflanzenauswahl, Pflanzorte oder Pflegevorgaben können Gegenstand solcher Vereinbarungen sein. Diese grünordnerischen Vereinbarungen sind in der Regel sehr individuell und stark projektbezogen, weswegen Mustertexte kaum möglich sind. Sie können Festsetzungen im Bebauungsplan über den Baumschutz ergänzen und ggf. auch ersetzen. Bei ersetzenden Abreden ist jedoch die Festsetzung geeigneter und von Bebauung freizuhaltender Flächen erforderlich, auf denen die Anpflanzung neuer Bäume möglich ist. Der Vorteil solcher Vertragsregelungen ist, dass sich die stetig zunehmende Menge an Festsetzungen in Bebauungsplänen reduzieren lässt und Bebauungspläne wieder verständlicher werden.

Die Vereinbarungen zur Grüngestaltung und somit auch zum Baumschutz lassen sich effektiv über die üblichen Instrumente absichern. Durch eine Rechtsnachfolgeklausel lässt sich z. B. sicherstellen, dass die grünordnerischen Pflichten beim Verkauf des Objekts auf den Erwerber übergehen. Vertragsstrafen und Bürgschaften haben sich bewährt, um die Pflichten zur Grüngestaltung durchzusetzen. Insoweit kann in der Regel auf die bewährten Instrumente zur Sicherung von städtebaulichen Verträgen zurückgegriffen werden.

3.2.2 Baumschutz auf Baustellen

Der Baumschutz auf Baustellen ist praktisch äußerst bedeutsam, denn mit Baumaßnahmen gehen erhebliche Gefahren für Bäume einher. Ob besondere Vorkehrungen zum Baumschutz auf Baustellen zu treffen sind, hängt dennoch davon ab, ob Bäume rechtlich geschützt sind. Nach § 11 Abs. 4 Musterbauordnung (MBO) müssen Bäume, Hecken und sonstige Bepflanzungen, die aufgrund anderer Rechtsvorschriften zu erhalten sind, geschützt werden (Abb. 7). In einigen Landesbauordnungen wurde diese Vorschrift identisch umgesetzt. Wo dies nicht der Fall ist, gilt diese Maßgabe über die allgemeinen Vorgaben zur Gefahrvermeidung auf Baustellen in den Vorschriften über die Baustelleneinrichtung.

Ob Bäume auf Baustellen geschützt werden müssen, hängt letztlich davon ab, ob sie durch Baumschutzvorschriften geschützt sind. § 11 Abs. 4 MBO und die entsprechenden Regelungen des Landesbauordnungen begründen selbst keinen Baumschutz. Der Bauherr muss also vorab klären, ob sich auf dem Baugrundstück

Abb. 7: Baustelleneinrichtung und Baumschutz. Foto: Daniela Antoni

Bäume befinden, die rechtlich geschützt sein. In diversen Bundesländern ist mittlerweile vorgesehen, dass in den Bauantragsunterlagen (Bauvorlagen) geschützte Bäume einzutragen sind (z. B. § 2 Abs. 4 Nr. 6 BauuntPrüfVO RhlPf). Dies sensibilisiert zum einen den Bauherrn und erleichtert zum anderen der Bauaufsicht die Kontrolle des Baumschutzes. Denn die Bauaufsichtsbehörden sind im Rahmen der Bauarbeiten auch für die Einhaltung baumschutzrechtlicher Vorschriften auf den Baustellen zuständig. In der Regel stimmt sie sich dazu mit den naturschutzfachlichen Stellen ab.

Um die Einhaltung dieser Vorgabe sicherzustellen, können die Bauaufsichtsbehörden in den Nebenbestimmungen zur Baugenehmigung baumschutzfachliche Maßnahmen oder eine baumschutzfachliche Baubegleitung (als Teil der umweltfachlichen Baubegleitung) verlangen (Vornholt/FLL-Verkehrssicherheitstage 2023, 135). Die baumschutzfachliche Baubegleitung ist bislang wenig geregelt; die FLL wird hierzu voraussichtlich 2024 einen Fachbericht veröffentlichen, um fachliche Standards zu etablieren.

Für rechtlich nicht geschützte Bäume sind solche Auflagen hingegen unzulässig, und es kann allenfalls unverbindlich auf die Implementierung baumschützender Maßnahmen hingewiesen werden.

Ob eine baumschutzfachliche Baubegleitung tatsächlich angeordnet wird, liegt dabei im Ermessen der jeweils zuständigen Behörde. Eine Pflicht besteht also nicht. Dem Bauherrn steht es selbstverständlich frei, freiwillig Bäume auf der Baustelle zu schützen und seine Auftragnehmer entsprechend zu verpflichten.

In der Praxis ergeht eine Anordnung baumschützender Maßnahmen oder einer baumschutzfachlichen Baubegleitung meist als Nebenbestimmung zur Baugenehmigung. Es sind jedoch auch Fälle denkbar, in denen erst nachträglich eine baumschutzfachliche Baubegleitung angeordnet wird. So kann die Behörde auf dynamische Veränderungen in der Natur oder auf Risiken beim Bauablauf reagieren (BVerwG, Urt. v. 12.08.2009, 9 A 64/07, NuR 2010, 276). Im Fachplanungsrecht kann die Planfeststellungsbehörde eine baumschutzfachliche Baubegleitung nach § 74 Abs. 2 VwVfG im Planfeststellungsbeschluss als Nebenbestimmung anordnen. In einem solchen Fall stellt die Baubegleitung eine Vorkehrung zum Wohl der Allgemeinheit im Sinne von § 74 Abs. 2 VwVfG dar (OVG Koblenz, Urt. v. 06.11.2019, 8 C 10240/18.OVG, DVBl 2020, 459).

Wie der Baumschutz auf Baustellen konkret auszuführen ist, ist technischen Regelwerken vorbehalten, die als fachlicher Standard gelten und auf die in Baugenehmigungen und teilweise auch in kommunalen Baumschutzvorschriften verwiesen wird (detailliert dazu: Dujesiefken, Jahrbuch der Baumpflege 2021, 143 ff., 237 ff.):

- DIN 18920 – Vegetationstechnik im Landschaftsbau; Instandhaltungsleistungen für die Entwicklung und Unterhaltung von Vegetation (Entwicklungs- und Unterhaltungspflege)
- RSBB – Richtlinien zum Schutz von Bäumen und Vegetationsbeständen bei Baumaßnahmen
- DWA-M 162 – Bäume, unterirdische Leitungen und Kanäle
- ZTV-Baumpflege – Zusätzliche Technische Vertragsbedingungen und Richtlinien für Baumpflege
- Fachbericht Erhaltung von Verkehrsflächen mit Baumbestand (FGSV M EVB)

3.2.2.1 Rechtsgrundlagen der baumschutzfachlichen Baubegleitung

Die baumschutzfachliche Baubegleitung ist rechtlich bislang kaum behandelt worden (zu den fachlichen und praktischen Aspekten der baumschutzfachlichen Baubegleitung: AMTAGE, Jahrbuch der Baumpflege 2021, S. 225; POMMNITZ, FLL-Verkehrssicherheitstage 2023, 125). Es handelt sich dabei um eine zumeist beratende Dienstleistung. Grundsätzlich liegt für die vertrags- und haftungsrechtlichen Aspekte ein Rückgriff auf die Grundlagen der Umweltbaubegleitung nahe. Deren rechtliche Grundlagen sind ebenfalls noch nicht detailliert geklärt und vor allem nicht hinreichend normiert. Vereinzelt haben öffentliche Stellen jedoch Leitfäden zu den Anforderungen an die umweltfachliche Baubegleitung für ihre Zuständigkeitsbereich erstellt, die Bestandteil von Ausschreibungen sein können (z.B. Umwelt-Leitfaden zur eisenbahnrechtlichen Planfeststellung und Plangenehmigung sowie für Magnetschwebebahnen, Teil VII: Umweltfachliche Bauüberwachung des Eisenbahn-Bundesamtes).

In der Rechtsprechung ist die Umweltbaubegleitung bislang offenbar nur als Voraussetzung von Baugenehmigungen und deren Genehmigungsfähigkeit mit Blick auf Umweltbelange in Erscheinung getreten (BVerwG, Urt. v. 07.07.2022, 9 A 1/21, juris Rn. 104; VG Berlin, Beschl. v. 15.08.2023, 24 L 157/23, juris Rn. 39–42). Dass bislang kaum Rechtsprechung zur umweltfachlichen und zur baumschutzfachlichen Baubegleitung vorliegt, spricht zumindest dafür, dass in der Praxis offenbar wenige rechtliche Konflikte zwischen den Beteiligten auftreten.

Der vertragsrechtliche Inhalt einer baumschutzfachlichen Baubegleitung ist nicht pauschal bestimmbar und hängt häufig von den individuellen Vereinbarungen ab. Der Bauherr ist maßgeblich verantwortlich für das Bauvorhaben und für die Durchführung der Bauarbeiten. Baumschutzrechtliche Vorschriften und Auflagen in der Baugenehmigung sind zuallererst an ihn adressiert. Die baumschutzfachliche Baubegleitung unterstützt den Bauherrn dabei, diesen Pflichten nachzukommen. Die Tätigkeit im Rahmen der baumschutzfachlichen Baubegleitung ist daher am ehesten mit der eines Sicherheits- und Gesundheitskoordinators (SiGeKo) im Sinne der Baustellenverordnung zu vergleichen. Dessen Aufgaben sind jedoch durch die Baustellenverordnung konkretisiert, was für die baumschutzfachliche Baubegleitung hingegen nicht gilt. Auch sind die Schutzgüter grundverschieden, weswegen ein Vergleich zwischen beiden Beauftragten kaum oder jedenfalls nur sehr zurückhaltend möglich ist (Zur Haftung des SiGeKo: THODE/WIRTH/KUFFER, Praxishandbuch Architektenrecht, Rn. 52–82).

Der Begriff der „Baubegleitung“ indiziert indes bereits, dass es sich nicht um eine Bauleitung (§ 56 MBO) oder Bauüberwachung handelt. Hiervon ist die baumschutzfachliche Baubegleitung inhaltlich unbedingt abzugrenzen. Dies fällt nicht immer leicht, da auch die Bauleitung dazu verpflichtet ist, die Einhaltung der öffentlich-rechtlichen Pflichten bei der Bauausführung zu überwachen.

Die baumschutzfachliche Baubegleitung ist wie die Umweltbaubegleitung eine beratende Dienstleistung und keine werkvertragliche Leistung. Es ist ratsam, dies in einem Vertrag explizit herauszustellen. Das Vertragsverhältnis kann jedoch auch werkvertragliche Elemente enthalten, wenn im Rahmen der baumschutzfachlichen Baubegleitung auch Konzepte zum Baumschutz auf der Baustelle erarbeitet werden sollen. Das Haftungsrisiko des Beauftragten wird man eher als gering einschätzen können. Werden auf seinen Rat hin jedoch fachlich fehlerhafte Maßnahmen ergriffen, die zu Schäden an geschützten Bäumen führen, kann er zumindest mittelbar im Innenverhältnis zum Auftraggeber haften.

Vertragsmuster von Berufsverbänden oder anderen geeigneten Stellen, wie es sie für die Umweltbaubegleitung bereits gibt, existieren für die baumschutzfachliche Baubegleitung nicht. Hier besteht dringender Nachholbedarf, um die Rechtsklarheit für alle Beteiligten zu fördern.

Die baumschutzfachliche Baubegleitung lässt sich keinen Leistungsbildern der HOAI zuordnen. Das Honorar lässt sich deswegen frei vereinbaren. In öffentlichen Ausschreibungen wird häufig ein Angebot für Pauschalhonorare gefordert, es sind aber auch stundenbasierte Aufwandshonorare möglich.

Das Haftungsrisiko des Beauftragten wird man eher als gering einschätzen können. Kommt es zu Schäden an Bäumen im Baustellenbetrieb, haben hierfür die Bauherrschaft und häufig auch der unmittelbare Verursacher (in der Regel die Baufirma) einzustehen (OLG Karlsruhe, Urt. v. 17.01.2023, 12 U 92/22, juris Ls. 3, Rn. 33). Gehen etwaige Schäden jedoch auf eine Falschberatung des mit der baumschutzfachlichen Baubegleitung Beauftragten zurück, kann dieser dafür im Innenverhältnis zu seinem Auftraggeber schuldrechtlich (§ 280 BGB) in Regress genommen werden.

3.2.2.2 Rechte und Pflichten des Beauftragten

Die Aufgabe des mit der baumschutzfachlichen Baubegleitung Beauftragten ist eine Beratende. Dennoch wird in der Praxis intensiv diskutiert, ob solche mit der baumschutzfachlichen oder ökologischen Baubegleitung Beauftragten eine Einstellung der Bauarbeiten („Baustopp") anordnen dürfen, wenn erkennbar gegen Baumschutzvorschriften verstoßen wird oder wenn ein solcher Verstoß droht.

Die Anordnung einer Baueinstellung gehört zu den baurechtlichen Kompetenzen der Bauaufsichtsbehörden. Wird bei Bauarbeiten gegen öffentlich-rechtliche Vorschriften verstoßen, dürfen die Bauaufsichtsbehörden geeignete Maßnahmen zur Gefahrenabwehr ergreifen. Dazu gehört auch die Anordnung, sämtliche oder einzelne Baumaßnahmen einzustellen (§ 79 Abs. 1 MBO). Zu den öffentlich-rechtlichen Vorschriften gehören auch Baumschutzvorschriften. Bei Verstößen gegen die Verbote von Baumschutzvorschriften kann deswegen eine Bausteinstellung angeordnet werden.

Diese Kompetenz geht mit der Anordnung oder Beauftragung einer baumschutzfachlichen Baubegleitung jedoch nicht auf den jeweiligen Beauftragten über und wird auch nicht auf ihn erweitert, weil eine entsprechende Regelung in den Landesbauordnungen fehlt. Vergleichbar ist die Rechtslage hierbei mit der der Bauleitung. Aufgabe der Bauleitung ist insbesondere, darüber zu wachen, dass die Baumaßnahme entsprechend den öffentlich-rechtlichen Anforderungen durchgeführt wird und die dafür erforderlichen Weisungen zu erteilen (§ 56 Abs. 1 S. 1 MBO). Diese Weisungskompetenz ist jedoch keine öffentlich-rechtliche, wie die der Bauaufsichtsbehörde, sondern rein zivilrechtlich und gilt nur zwischen den Vertragsparteien (Pauly, NZBau 2023, 568). Für die baumschutzfachliche oder ökologische Baubegleitung existiert bereits keine gesetzliche Grundlage und muss zwischen Bauherrn/Eigentümer und dem Beauftragten vertraglich vereinbart werden.

Die Bauaufsichtsbehörden dürfen die mit der Baubegleitung Beauftragten nicht mit entsprechenden behördlichen Kompetenzen ausstatten („Beleihung"). Eine solche Beleihung wird rechtlich unzulässig sein, denn die Landesbauordnungen stellen unmissverständlich klar, dass die Bauaufsicht Aufgabe des Staates ist (z. B. § 61 Abs. 1 HBO).

Die Beauftragten dürfen also keine Baueinstellung auf Grundlage der Kompetenzvorschriften der Bauaufsichtsbehörden anordnen. Es steht dem Bauherrn allerdings frei, ein inhaltlich vergleichbares Weisungsrecht mit dem Beauftragten vertraglich zu vereinbaren. Sollten die Bauausführenden dann jedoch den Weisungen des Beauftragten nicht nachkommen, wird ein Vollstreckungsvakuum bestehen. Denn Zwangsmaßnahmen wie in der Verwaltungsvollstreckung (z. B. Zwangsgelder) können in einem solchen Vertragsverhältnis nicht festgesetzt werden. In einem solchen Fall bleibt dem Beauftragten nichts anderes übrig, als die Bauaufsichtsbehörden über die (drohende) Verletzung von Baumschutzvorschriften zu informieren. Bei Bauleitern wird in solchen Fällen eine entsprechende Mitteilungspflicht verlangt (Hornmann, § 59 HBO, Rn. 16). Hierdurch wird nicht gegen im Verhältnis zum Bauherrn als Auftraggeber bestehende Vertragspflichten verstoßen, denn die Deckung von Rechtsverstößen kann keine taugliche Vertragspflicht sein (§ 134 BGB).

Etwaige rechtliche Unsicherheiten in Bezug auf die Mitteilung von Rechtsverstößen gegenüber den Behörden lassen sich praktisch sehr leicht lösen. Einerseits lässt sich im Vertrag über die Beauftragung klarstellen, dass Verstöße gemeldet werden dürfen – insbesondere, wenn die Weisungen missachtet werden. Andererseits kann in einer Nebenbestimmung über die Erforderlichkeit einer baumschutzfachlichen Baubegleitung eine Mitteilungspflicht des Beauftragten festgeschrieben werden. Eine solche Mitteilungspflicht kann so ausgestaltet sein, dass regelmäßig Berichte zu übersenden sind und bei (drohenden) Verstößen gegen Baumschutzvorschriften die Aufsichtsbehörden unverzüglich zu informieren sind.

3.2.3 Bayern: Örtliche Bauvorschriften

Ausschließlich in Bayern lassen sich Erhaltungspflichten in örtlichen Bauvorschriften regeln (Art. 81 Abs. 1 Nr. 7 BayBO). Zum Schutz des Straßen- und Ortsbildes, für den Lärmschutz oder zur Luftreinhaltung können bayerische Städte und Gemeinden bestimmen, dass Bäume auf nicht überbaubaren Flächen der bebauten Grundstücke nicht beseitigt oder beschädigt werden dürfen und dass diese Flächen nicht unterbaut werden dürfen. Die Vorschrift ermächtigt ausschließlich zu baumerhaltenden Festsetzungen.

Wegen der in der gesetzlichen Grundlage genannten Regelungszwecke, die sehr speziell sind, ist der Anwendungsbereich enorm eingeschränkt. Aus gestalterischen Gründen kann der Erhalt des Straßen- und Ortsbilds Festsetzungen gemäß Art. 81 Abs. 1 Nr. 7 BayBO rechtfertigen. Wegen der kumulativen Nennung von Straßen- und Ortsbild beschränkt sich dieser Satzungszweck in den meisten Fällen auf den Erhalt von Bäumen in Vorgärten und von Straßenbäumen.

Die Bedeutung von Bäumen für den Lärmschutz ist zu vernachlässigen, weswegen diesem Zweck praktisch kaum Bedeutung zukommen kann.

3.3 Ausnahmen und Befreiungen („Baumfällgenehmigung“)

Baumschutzvorschriften dürfen nicht absolut gelten. Insbesondere die verfassungsrechtlich garantierte Eigentumsfreiheit verlangt, dass der Baumschutz dann zurücktritt, wenn Bäume eine sinnvolle Nutzung im Sinne des Baurechts nicht mehr zulassen oder sich Bäume nicht mehr mit zumutbarem Aufwand erhalten lassen. Deswegen müssen Ausnahmen vom rechtlichen

Baumschutz möglich sein. Der rechtliche Rahmen hierfür ist entweder unmittelbar in den kommunalen Regelwerken oder in den Fachgesetzen angelegt.

3.3.1 Naturschutzrecht

Im Naturschutzrecht enthalten vor allem die Baumschutzsatzungen umfangreiche Ausnahmetatbestände. Hinzutreten die gesetzlichen Befreiungsmöglichkeiten nach § 67 BNatSchG, die vor allem auch für den Alleenschutz gelten. Für die durch die Eingriffsregelung geschützten Bäume gilt das allgemeine Regelungsregime nach der Eingriffsregelung nach §§ 14 ff. BNatSchG. Praktisch am bedeutsamsten sind die Regelungen der Baumschutzsatzungen, die umfangreich in den Satzungen selbst geregelt sind.

3.3.1.1 Baumschutzsatzungen: Ausnahmen und Befreiungen

Von den Verboten der Baumschutzsatzungen können Ausnahmen und Befreiungen erteilt werden. Diese ergehen nur auf Antrag als Verwaltungsakt (Bescheid).

Die Unterscheidung zwischen Ausnahmen und Befreiungen ist primär von dogmatischer Bedeutung. Ausnahmen finden sich in den Baumschutzvorschriften selbst. In Baumschutzsatzungen gibt es dafür meist eigene Kataloge, die nicht abschließend sind.

Befreiungen können nach § 67 BNatSchG beantragt werden. Diese Vorschrift gilt umfangreich für diverse naturschutzrechtliche Verbote und nicht nur für den Baumschutz. Allerdings findet sich in den Baumschutzsatzungen häufig auch eine Unterscheidung zwischen Ausnahmen und Befreiungen. Ausnahmen werden dann in der Regel als gebundene Entscheidungen erteilt, Befreiungen stehen hingegen im Ermessen der Behörde (§ 6 Abs. 1, 2 BSS Dortmund; § 6 Abs. 1, 2 BSS Magdeburg). In Baumschutzsatzungen haben sich mittlerweile bestimmte Ausnahmetatbestände fest etabliert, die nachfolgend erläutert werden.

3.3.1.1.1 Gefahren für Personen und Sachen

Von den Verboten der Baumschutzsatzungen können Ausnahmen zugelassen werden, sofern von geschützten Bäumen Gefahren für Personen und Sachen ausgehen und sich diese Risiken nicht durch angemessene Maßnahmen eindämmen lassen. Durch diese Ausnahme können Maßnahmen zugelassen werden, die aus Gründen der Verkehrssicherheit erforderlich sind. Diese Ausnahme kann auch unmittelbar im Landesnaturschutzgesetz geregelt sein. Z. B. gelten nach § 23 Abs. 3 S. 1 LNatSchG NRW die Verbote von Baumschutzsatzungen nicht für Maßnahmen aus Gründen der Verkehrssicherheit, die jedoch bei der unteren Naturschutzbehörde anzuzeigen sind.

Die Gerichtsentscheidungen zum Gefahrenbegriff im Kontext des Baumschutzes beschreiben eine Situation, in der *„innerhalb einer vorhersehbaren Zeitspanne mit hinreichender Wahrscheinlichkeit ein Schaden an geschützten Rechtsgütern eintreten kann. Der Eintritt eines solchen Schadens muss weder sicher sein noch unmittelbar bevorstehen; es genügt, wenn in absehbarer Zukunft mit einem solchen Schaden zu rechnen ist."* (VG Saarbrücken, Urt. v. 27.08.2008, 5 K 253/08, BeckRS 2008, 39385; so auch: OVG Münster, Beschl. v. 04.01.2011, 8 A 2003/09, BeckRS 2011, 54448). Dieser Gefahrbegriff im Baumschutzrecht entspricht dem des allgemeinen Polizeirechts.

Abstrakte Gefahren, die selbst von gesunden Bäumen ausgehen können, wie Astbrüche und das Umstürzen von Bäumen bei Unwettern, rechtfertigen ebenfalls keine Ausnahme. Eine konkrete Gefahr wird angenommen, wenn Äste oder Baumstämme erkennbar zu brechen drohen, beispielsweise aufgrund von Vorbelastungen. Ein etwaig erhöhtes Astbruchrisiko bestimmter Bäume wie Pappeln und anderer Weichhölzer (Gefahrbäume) begründet allein deswegen keine Gefahr, die eine Ausnahme rechtfertigt. Der Bundesgerichtshof hat in diesem Kontext ein naturgegebenes und hinzunehmendes Lebensrisiko angenommen (BGH, Urt. v. 06.03.2014, III ZR 352/13, NJW 2014, 1588).

Das gilt auch für die Auswirkungen des Klimawandels auf Bäume. Allein der mit dem Klimawandel verbundene Anstieg der Zahl entsprechender Unwetterereignisse im gesamten Land rechtfertigt noch nicht die Annahme der beachtlichen Wahrscheinlichkeit eines Schadenseintrittes auf dem konkret infrage stehenden Grundstück (VG Düsseldorf, Urt. v. 29.12.2021, 9 K 6522/20, BeckRS 2021, 43665).

Baumwurzeln können insbesondere durch Einwachsen in Mauerwerk und Rohre Schäden verursachen. Die Rechtsprechung sieht hierin jedoch umfangreich hinzunehmende Auswirkungen von Bäumen (OVG Berlin, Urt. v. 27.01.1978, II B 75.76, BeckRS 1978, 1916; VG Düsseldorf, Urt. v. 29.12.2021, 9 K 6522/20, BeckRS 2021, 43665). Gefährden die Wurzeln hingegen die Standsicherheit von Gebäuden, wird man dies anders beurteilen können.

Bei Anträgen wegen Gefahren durch Bäume ist immer auch zu prüfen, ob diese Gefahr nicht mit zumutbarem Aufwand eingedämmt werden kann. Solche Maßnahmen können z. B. Kronensicherungen zum Schutz vor Astbrüchen sein. Bei Wurzeln kommt auch eine Ertüchtigung der Rohre mit Einbau entsprechender Sicherungsmaßnahmen in Betracht (VG Gelsenkirchen, Urt. v. 30.11.2012, 6 K 4641/10, BeckRS 2013, 45221).

Die Zumutbarkeit wird häufig auf Grundlage der zu erwartenden Kosten diskutiert. Hier gibt es ausdrücklich keine festen Wertgrenzen. Man wird in jedem Fall die Bedeutung des Baums und die Grundstückssituation berücksichtigen müssen. Die individuelle wirtschaftliche Situation des Eigentümers ist naturschutzrechtlich hingegen kein maßgeblicher Faktor, kann bei der Suche nach einer praktikablen Lösung aber auch nicht komplett ausgeblendet werden.

3.3.1.1.2 Baumimmissionen

Das Herabfallen von klebrigen Baumsäften und -honigen mag ebenso ärgerlich sein wie von Laub und die dadurch verschmutzten Flächen und verstopften Regenrohre. Diese Baumimmissionen rechtfertigen jedoch keine Ausnahme von einer Baumschutzsatzung aufgrund ihrer Eigenschaft als natürliche jahreszeitliche Lebensäußerung (VG Gelsenkirchen, Urt. v. 09.10.2020, 6 K 6066/18, BeckRS 2020, 33079). Dabei handelt es sich um hinzunehmende Baumimmissionen:

„Frucht-, Blattabwurf sowie Astabbrüche sind von Bäumen typischerweise ausgehende Lebensäußerungen, die regelmäßig hinzunehmen sind und allenfalls Belästigungen darstellen, die auch in den meisten Fällen weitgehend eine überschaubare Vegetationsperiode betreffen.“ (VG Weimar, Urt. v 3.5.2022, 7 K 1050/20 WE, NVwZ-RR 2022, 808.)

3.3.1.1.3 Baumkrankheiten

Ist ein Baum krank, kann dies seine Beseitigung rechtfertigen. Auch hier kommt es darauf an, dass der Baum nicht mit zumutbarem Aufwand erhalten werden kann.

Die pauschale Behauptung, dass ein Baum krank sei, genügt nicht. Der Antragsteller ist verpflichtet, hinreichend zu plausibilisieren, dass der betroffene Baum krank ist und nicht erhalten werden kann. In der Praxis zeigt sich jedoch, dass vor allem personell gut ausgestattete Kommunen die Bäume bei entsprechenden Anträgen selbst untersuchen.

Dieser Ausnahmetatbestand gilt auch für abgestorbene Bäume. Die Frage der Zumutbarkeit der Erhaltung stellt sich selbstverständlich nicht. Neuerdings wird darüber nachgedacht, dass solche Bäume als Habitatbäume erhalten werden sollen. Soll dies behördlich angeordnet werden, muss dafür eine explizite Grundlage in den Baumschutzsatzungen geschaffen werden.

3.3.1.1.4 Härtefallregelung

Die Härtefallregelung setzt voraus, dass die Erhaltung des Baumes für den Baumeigentümer oder seinen Nachbarn zu unzumutbaren Nachteilen oder Belästigungen führen würde und dass auf andere Weise als durch seine Beseitigung keine Abhilfe möglich ist. Besonders praxisrelevante Fallgruppen sind Allergien und die Verschattung.

Allergien gegen bestimmte Bäume und deren Pollen sind subjektive Umstände in der Person des Antragstellers. Das Ziel entsprechender Ausnahmeanträge ist in der Regel die Beseitigung des Baums.

Der Verwaltungsgerichtshof München lehnt subjektive Umstände zur Begründung der Erlaubnis grundsätzlich ab. Das Gericht begründet seine Ablehnung damit, dass der baumschutzrechtliche Ausnahmetatbestand der bauplanungsrechtlichen Befreiung gemäß § 31 Abs. 2 Nr. 3 BauGB nachgebildet sei und deswegen nur grundstücksbezogene Umstände die Ausnahme begründen könnten (VGH München, Urt. v. 25.04.2012, 14 B 10.1750, NuR 2012, 862). Das OVG Münster hält dagegen, dass dann jedoch der grundgesetzliche Schutz der Gesundheit (Art. 2 Abs. 2 GG) nicht hinreichend beachtet werde (OVG Münster, Urt. v. 21.09.1999, 23 A 875/97, BeckRS 1999, 23252).

Überzeugend ist der Mittelweg des OVG Lüneburg (OVG Lüneburg, Beschl. v. 23.10.2019, 4 LA 71/19, NVwZ-RR 2020, 397). Danach können subjektive Aspekte in der Person des Antragstellers berücksichtigt werden, wenn die Rechtsordnung diese in Vorschriften, die eine inhaltliche Nähe aufweisen (z. B. Baurecht), besonders berücksichtigt. Für Allergien ist dies nicht der Fall, für die Barrierefreiheit hingegen trifft dies zu, da die Landesbauordnungen sie besonders hervorheben (z. B. § 54 HBO). Deswegen können Baumfällanträge für Bäume, die einen barrierefreien Zugang von Grundstücken und Häusern verhindern, unter der Härtefallregelung genehmigt werden.

Im Zusammenhang mit Allergien wird auch diskutiert, ob der Befall mit dem Eichenprozessionsspinner und die damit einhergehenden Risiken einen Härtefall darstellen. Dies wird jedoch verneint (OVG Saarlouis, Beschl. v. 27.04.2009, 2 A 286/09, NuR 2009, 428). Dieser Rechtsprechung ist zuzustimmen, weil die Gefahren oder Nachteile nicht vom Baum, sondern vom Eichenprozessionsspinner ausgehen, der separat zu entfernen ist.

Die Verschattung ist teilweise auch als eigener Ausnahmetatbestand in den Baumschutzsatzungen genannt (§ 5 Abs. 3 Nr. 7 BSS Bensheim). Unter der Bedingung, dass der Baum die Belichtung oder die Sonneneinstrahlung von erforderlichen Fenstern in unzumutbarer Weise beeinträchtigt (VG Weimar, Urt. v. 04.08.2014, 7 K 1392/12 We, LKV 2014, 573), kommt eine Ausnahmegenehmigung in Betracht. Generell zählt die Verschattung allerdings zu den üblichen Baumimissionen, die nicht über gewöhnliche Störungen hinausgehen. Daher rechtfertigt die Verschattung von Gärten und anderen unbebauten Grundstücksflächen nur sehr selten eine Ausnahme von den Verboten der Baumschutzsatzungen. Selbst eine vollständige Verschattung von Grundstücksfreiflächen über mehrere Stunden, von morgens bis nachmittags, kann als akzeptabel angesehen werden (VGH Kassel, Urt. v. 10.12.1993, 3 UE 1772/93, NJW 1994, 3244; VG Arnsberg, Urt. v. 22.02.2006, 1 K 435/05, BeckRS BeckRS 2007, 24092).

Wenn wegen der Verschattung in Aufenthaltsräumen dauerhaft künstliches Licht zugeschaltet werden muss, wird die Verschattung in der Regel unzumutbar sein. Dies wird im Einzelfall zu ermitteln sein, wobei technische Regelwerke (z. B. Arbeitsstättenrichtlinie) zur Belichtung von Aufenthaltsräumen herangezogen werden können.

Verschattung von Solaranlagen

Die Verschattung von Solaranlagen (Abb. 8) durch Bäume wird seit kurzem wieder stärker diskutiert. Hierbei wird regelmäßig vorgetragen, dass geschützte Bäume die Leistungsfähigkeit so stark mindern, dass sich der Betrieb von Solaranlagen wirtschaftlich nicht mehr lohne. Deswegen seien Baumfällungen oder zumindest erhebliche Rückschnitte erforderlich.

Entsprechende Anträge wurden in der Vergangenheit auf die Befreiungsvorschrift des Bundesnaturschutzgesetzes (§ 67 Abs. 1 S. 1 BNatSchG) oder vergleichbare Regelungen in den Baumschutzsatzungen gestützt, hatten jedoch keinen Erfolg. Danach kommt eine Befreiung entweder wegen eines Härtefalls oder wegen eines überwiegenden öffentlichen Interesses in Betracht. Die Gerichte lehnten insbesondere ein überwiegendes öffentliches Interesse an der Gewinnung erneuerbarer Energie gegenüber dem Baum-

Abb. 8: Verschattung einer Solaranlage. Foto: Dirk Dujesiefken

schutz ab (VG Regensburg, Urt. v. 19.02.2008, 4 K 07.455, NuR 2008, 739; Günther, NuR 2013, 387). Der Baumschutz konnte sich im Konflikt mit dem Ausbau von Solaranlagen souverän behaupten.

Wegen einer seit 2022 veränderten Rechtslage ist diese Rechtsprechung allerdings hinfällig. Bei der Befreiung nach § 67 Abs. 1 S. 1 Nr. 1 BNatSchG kommt es darauf an, ob ein öffentliches Interesse dem Interesse am Baumerhalt überwiegt. Um dies zu beurteilen, ist eine Abwägung vorzunehmen. Diese Abwägung fiel bislang zugunsten des Baumschutzes aus (s.o.). Für diese Abwägung wurde mit § 2 EEG kürzlich jedoch eine neue Vorschrift geschaffen, die dem Ausbau von Anlagen zur Gewinnung von regenerativer und somit auch solarer Energie einen Vorrang einräumt.

Gemäß § 2 S. 1, 2 EEG liegen die Errichtung und der Betrieb von Anlagen für erneuerbare Energien im überragenden öffentlichen Interesse. Bis die Stromerzeugung im Bundesgebiet nahezu treibhausgasneutral ist, sollen die erneuerbaren Energien als vorrangiger Belang in die jeweils durchzuführende Güterabwägung eingebracht werden. Mit der Vorschrift soll nach dem Willen des Bundesgesetzgebers erreicht werden, dass die erneuerbaren Energien im Rahmen von Abwägungsentscheidungen im Regelfall andere Interessen überwiegen (BT-Drs. 20/1630, 159; Schröer/Kümmel NVwZ 2023, 30). Damit ist bei der Abwägung, die bei der Befreiungsentscheidung vorzunehmen ist, den erneuerbaren Energien ein erhebliches Übergewicht einzuräumen.

Von Anfang an ist umstritten, wie weit dieser gesetzlich vorgegebene Vorrang nach § 2 S. 1, 2 EEG reicht und wie er sich zum Naturschutz und somit zum Baumschutz verhält. Die Gesetzesbegründung (BT-Drs. 20/1630, 159) ist an dieser Stelle nicht eindeutig und lässt Auslegungsspielraum. Zuerst heißt es dort:

„Konkret sollen die erneuerbaren Energien damit im Rahmen von Abwägungsentscheidungen u. a. […] im Naturschutz-, Bau- oder Straßenrecht nur in Ausnahmefällen überwunden werden."

Dann trifft der Gesetzgeber aber eine Aussage, die verschiedene Lesarten zulässt:

„Öffentliche Interessen können in diesem Fall den erneuerbaren Energien als wesentlicher Teil des Klimaschutzgebotes nur dann entgegenstehen, wenn sie mit einem dem Artikel 20a GG vergleichbaren verfassungsrechtlichen Rang gesetzlich verankert bzw. gesetzlich geschützt sind oder einen gleichwertigen Rang besitzen."

Mit Art. 20a GG wird u. a. der Schutz der natürlichen Lebensgrundlagen zum Staatsziel erklärt (BVerfG, Beschl. v. 24.3.2021, 1 BvR 2656/18, 1 BvR 78/20, 1 BvR 96/20, 1 BvR 288/20, NJW 2021, 1723, Rn. 112), wozu auch der Schutz der Natur und somit auch der Baumschutz zählt.

Hier ergeben sich nun verschiedene Verständnismöglichkeiten. Zum einen könnte dies bedeuten, dass Belange des Naturschutzes ausnahmsweise das Interesse an erneuerbaren Energien überwiegen können. Zum anderen kann es aber auch so zu verstehen sein, dass der Vorrang nach § 2 EEG nicht gegenüber anderen von Art. 20a GG erfassten Zielen wie den Natur-/Baumschutz gilt. Für diese letzte Variante hat sich das VG Düsseldorf entschieden (VG Düsseldorf, Urt. v. 27.12.2023, 9 K 7173/22, BeckRS 2023, 38472). Das Gericht nahm in einem Fall einer Solaranlage, wegen deren Verschattung zwei ca. 50 Jahre alte Platanen eingekürzt werden sollten, eine Abwägung ohne erkennbaren Vorrang des Interesses am Ausbau der Solaranlage vor.

Die Abwägung des Ausbauinteresses und des Baumschutzes wirft erhebliche Schwierigkeiten auf. Da sie nach der früheren Rechtsprechung, die sich sehr pauschal zugunsten des Baumschutzes positionierte, im Detail nicht erforderlich war, kann hier nicht auf bisherige Methoden oder Ansätze für die Abwägung zurückgegriffen werden. Das VG Düsseldorf stellte in die Abwägung die Größe und Leistung der Solaranlage ein und wog dies mit dem Alter, der Größe und der Bedeutung der Ökosystemleistungen der Bäume ab.

Als Richtwert für die Leistungsfähigkeit der Anlage zog das Gericht die durchschnittliche Größe von Solaranlagen im betroffenen Bundesland heran. Die Anlage erreichte weniger als 15 % dieser Vergleichsgröße.

Daneben wurde auch der erwartbare Leistungsverlust berücksichtigt. Das VG Düsseldorf ließ aber offen, wie stark die Leistungseinbuße sein muss, damit sie eine Baumfällung rechtfertigen kann. In anderen Rechtsgebieten sind Leistungseinbußen von 20 % oder etwas mehr nicht mehr zumutbar (Günther, NuR 2023, 387 (391)). Sinnvoller als starre Prozentangaben dürfte sein, ob sich die Investitionskosten trotz der Verschattung während der erwartbaren Lebensdauer der Anlage amortisieren können. Hierbei wird auch zu berücksichtigen sein, ob die Anlage Verschattungen kompensieren kann. Die technische Entwicklung der Anlagen schreitet an diesem Punkt sehr zügig voran.

Die Ökosystemleistungen der Bäume lassen sich sicherlich auch konkreter ermitteln, als es das VG Düsseldorf tat. Jedenfalls wird der Vergleich zwischen den Ökosystemleistungen und dem Beitrag der Solaranlage zum Klimaschutz schwierig sein. Sollten andere Gerichte jedoch nicht der Auffassung des VG Düsseldorf folgen und nimmt man den Vorrang zugunsten der Solaranlage nach § 2 EEG kann, wird die Abwägung in nicht eindeutigen Fällen häufig zugunsten der Solaranlage ausfallen müssen.

Greift man in der behördlichen Praxis (zunächst) auf die vom VG Düsseldorf entwickelten Grundsätze zurück, wird dies sicherlich nicht grundlegend falsch sein. Die Entscheidung lässt aber Spielraum für alternative Argumentationen, da eine Einzelfallbetrachtung danach erforderlich ist. Zudem ist abzuwarten, wie sich andere Verwaltungsgerichte und insbesondere die Obergerichte dazu positionieren werden.

Sollte auf dem Vorhabengrundstück allerdings ein alternativer Standort für die Anlage vorhanden sein, der etwa gleichwertig geeignet ist wie die durch Bäume verschattete Dachfläche, dann ist die Befreiung und somit der Eingriff in den Baumbestand nicht notwendig. Denn die Befreiung steht immer unter dem Vorbehalt der Erforderlichkeit der Maßnahme (Schümann, DVBl. 2023, 1503 (1505)).

Der Abwägung der kollidierenden Interessen am Ausbau von Solaranlagen sowie am Erhalt von Bäumen ist immer eine Prüfung der Atypik vorzuschalten. Dabei handelt es sich um ein ungeschriebenes Tatbestandsmerkmal, das verhindern soll, dass Vorschriften umfangreich ausgehebelt werden. Atypik bedeutet, dass eine Befreiung nur in vom Normgeber erkennbar nicht vorhergesehenen Einzelfällen aufgrund einer Einzelfallprüfung in Betracht kommt (BVerwG, Beschl. v. 14.09.1992, 7 B 130/92, juris Rn. 5). Die Atypik wird zu verneinen sein, wenn eine Baumschutzsatzung Regelungen über den Konflikt zwischen Baumschutz und Solaranlagen enthält. Solche Baumschutzsatzungen sind allerdings die ganz große Ausnahme. Dass auch neuere Baumschutzsatzungen trotz des bekannten Konflikts zwischen Solaranlagen und Baumschutz keine Vorschriften zur Konfliktlösung enthalten, ist erstaunlich und sollte sich zügig ändern. Erste Entwürfe zur Ergänzung von Baumschutzsatzungen um Regeln zum Konflikt mit Solaranlagen sind bereits in Arbeit. Die Musterbaumschutzsatzung der GALK ist hierzu noch nicht angepasst worden.

Ansonsten ist bei der Prüfung der Atypik zu bedenken, dass die Verschattung grundsätzlich zu den üblichen Auswirkungen von Bäumen gehört, die hinzunehmen sind (VG Bayreuth, Urt. v. 16.02.2023, B 9 K 21.1091, BeckRS 2023, 9450). Die Atypik wird man jedoch annehmen können, wenn zum Zeitpunkt des Erlasses der Baumschutzsatzung die Bedeutung von Solaranlagen auf Dachflächen für die Bewältigung der Folgen des Klimawandels nicht erkennbar war (VGH Mannheim, Urt. v. 12.10.2022, 10 S 2903/21, juris Rn. 44). Dies kann nach dem VG Düsseldorf für Baumschutzsatzungen, die noch auf dem Bundesnaturschutzgesetz in der Fassung aus 2002 beruhen, möglich sein.

Interessant ist der Ansatz einiger Autoren, die die Atypik umkehren. Bei ihnen spielt die Atypik als Voraussetzung einer Befreiung im klassischen Sinne keine Rolle. Stattdessen scheide eine Befreiung nur dann aus, wenn atypischerweise die mit dem Ausbau erneuerbarer Energien konkurrierenden Interessen wie Naturschutz oder Denkmalschutz klar überwiegen, was mit unionsrechtlichen Vorrangregelungen für den Ausbau erneuerbarer Energien begründet wird (Lingemann, NVwZ 2023, 1634; Schümann, DVBl. 2023, 1503).

Schließlich macht es auch einen Unterschied, ob die Solaranlage bereits installiert wurde oder erst noch angebracht werden soll. In letzterem Fall ist zu prüfen, ob ein konkretes Ausbauinteresse besteht. Im Zweifel wird eine etwaige Befreiung unter den Vorbehalt zu stellen sein, dass die Bäume erst gefällt werden dürfen, wenn die Anlage installiert ist. Dadurch lässt sich vermeiden, dass die Solaranlage nur als Vorwand für die Baumfällung dient.

Der rechtliche Konflikt zwischen dem Baumschutz und dem Ausbau von Solaranlagen ist mit der Entscheidung des VG Düsseldorf noch nicht abschließend geklärt. Die Diskussion ist aber ein gutes Stück vorangekommen und wird die Gerichte in Zukunft noch beschäftigen.

Bauvorhaben

Baurecht bricht Baumrecht! Unter diesem Ausspruch wird häufig bemängelt, dass angeblich Bäume für Bauprojekte immer gefällt werden dürften. Das stimmt so pauschal nicht!

Baumschutzrechtliche Vorschriften und die damit einhergehende Einschränkung der Verfügungsbefugnis über das Grundeigentum ist wegen der Sozialbindung des Eigentums grundsätzlich entschädigungslos hinzunehmen. Baumschutzvorschriften sind auch keine Enteignungen oder enteignungsgleichen Eingriffe, weil die Eigentümerstellung unangetastet bleibt (OVG Lüneburg, Beschl. v. 23.10.2019, 4 LA 71/19, NVwZ-RR 2020, 397).

Baumschutzrechtliche Vorschriften können aber – wie alle anderen naturschutzrechtlichen Bindungen – das Grundeigentum unverhältnismäßig einschränken. Dies ist immer dann anzunehmen, wenn keine sinnvolle Nutzung des Grundstücks mehr möglich ist. Für die Bebauung von Grundstücken ist das Baurecht der entscheidende Maßstab. Lassen die baumschutzrechtlichen Verbote eine Bebauung im Sinne des Bebauungsplans nicht mehr zu, dann ist das Grundeigentum unverhältnismäßig beeinträchtigt.

Baumschutzsatzungen sehen deswegen eine Ausnahme für zulässige Bauvorhaben vor. Die Rechtsprechung hat die Maßstäbe dafür mittlerweile sehr klar definiert. Ein Bauvorhaben bricht den Baumschutz danach nicht in jedem Fall. Lässt sich ein Bauvorhaben nämlich auf dem Baugrundstück so verschieben, dass es sich gleichwertig ohne Baumfällung errichten lässt, hat der Baumschutz Vorrang. Auch eine Umplanung kann zumutbar sein, sofern sie das zulässige Bauvorhaben nicht vollkommen verändert (OVG Berlin-Brandenburg, Beschl. v. 20.11.2020, 10 S 66/20, NVwZ-RR 2021, 335).

Diese Voraussetzungen lassen sich auch unmittelbar in den Ausnahmetatbestand der Baumschutzsatzung einweben, sodass Missverständnisse bestenfalls vermieden werden:

„Ein Antrag ist zu genehmigen, wenn die Beseitigung von Grünbeständen wegen besonderer Umstände des Einzelfalles geboten ist. Besondere Umstände liegen insbesondere vor, wenn […] die Fläche, auf der sich der geschützte Grünbestand befindet, für ein zulässiges Bauvorhaben in Anspruch genommen werden muss und ***weder eine Änderung oder Verschiebung des Bauvorhabens*** *noch eine Verpflanzung des Grünbestandes möglich sind […]“* (§ 6 Abs. 2 BSS Offenbach.)

Baurecht bricht Baumrecht also nicht immer.

Pflegehieb

In Baumschutzsatzungen ist der Pflegehieb, d. h. die Entfernung eines Baums zum Schutz eines größeren Baumbestands, erlaubt. Der Pflegehieb ist in den Baumschutzsatzungen oft wie folgt definiert:

„Die Genehmigung zur Beseitigung eines geschützten Baumes ist zu erteilen, wenn […] einzelne Bäume eines größeren Baumbestandes im Interesse der Erhaltung des übrigen Baumbestandes entfernt werden müssen (Pflegehieb).“ (§ 3 Abs. 2 lit. c) BSS Bad Homburg; § 3 Abs. 1 lit. f) BSS Frankfurt am Main.)

Der Pflegehieb ist von grundsätzlich zulässigen Pflegemaßnahmen an einzelnen Bäumen zu unterscheiden. Wären Pflegehieb und Pflegemaßnahmen identisch, wäre die Ausnahme für den Pflegehieb überflüssig.

Öffentlich-rechtliche Beseitigungspflicht

Ist ein Grundstückseigentümer oder ein sonstiger Nutzungsberechtigter aufgrund öffentlich-rechtlicher Vorschriften verpflichtet, einen Baum zu beseitigen, kann dies eine Ausnahme rechtfertigen.

Mit diesem Ausnahmetatbestand lässt sich möglichen Kollisionen zwischen entgegenstehenden rechtlichen Pflichten vorbeugen. Insbesondere die straßenverkehrsrechtliche Pflicht, den Verkehrsraum – auch den auf Wasserstraßen (§ 8 Abs. 1 S. 1 WaStrG) – freizuhalten, kann die Beseitigung von Bäumen erfordern. Die allgemeinen Grundsätze der Pflichtenkollision verlangen jedoch, dass dem Rechtsunterworfenen keine unmöglichen Pflichten auferlegt sind. Einer ungelösten Pflichtenkollision lässt sich mit dem Ausnahmetatbestand zuvorkommen.

3.3.1.2 Kompensation bei Baumschutzsatzungen

Darf ein Baum beseitigt werden oder werden ohne Genehmigung Fakten geschaffen, dann ist in den allermeisten Fällen Ausgleich zu leisten. Primär geschieht dies durch Ersatzpflanzungen, gelegentlich sind auch Ausgleichszahlungen möglich.

Nach § 29 Abs. 2 S. 2 BNatSchG darf in kommunalen Satzungen geregelt werden, dass bei Verlust von Bäumen Ersatz zu pflanzen oder zu zahlen ist. Einen Vorrang der Ersatzpflanzung sieht das Gesetz nicht zwingend vor. Allerdings genießt die Ersatzpflanzung in der Regel in den Baumschutzsatzungen Vorrang vor der subsidiären Ausgleichszahlung.

3.3.1.2.1 Ersatzpflanzung

Für erlaubt oder unerlaubt gefällte Bäume ist primär Ersatz zu pflanzen. Meist sind Ersatzpflanzungen obligatorisch. Ersatzpflanzungen können aber auch in das Ermessen der Behörde gestellt werden und sind dann nicht in jedem Fall verpflichtend.

Obligatorische Ersatzpflanzungsgebote sind grundsätzlich rechtlich unbedenklich. Dies gilt jedoch nicht, wenn sie ausnahmslos und somit auch für abgestorbene bzw. natürlich abgängige Bäume gelten. Dann gelten sie nämlich auch für solche Bäume, die das Ende ihres natürlichen Lebenszyklus erreicht haben. Die Ersatzpflanzungspflicht ist dann unverhältnismäßig:

„Entfaltet ein Baum aufgrund seines Alters, Zustandes oder Standortes die typischen Wohlfahrtswirkungen, wie etwa eine Bedeutung für die Tier- und Pflanzenwelt, für das Orts- und Landschaftsbild, die Verbesserung des Stadtklimas usw., welche seine Unterschutzstellung im öffentlichen Interesse angezeigt erscheinen lassen, nicht mehr oder nur noch in verringerten Maße, so kann dies zur Folge haben, daß sich die mit der Unterschutzstellung verbundenen Belastungen und Beschränkungen für den Eigentümer, weil nicht mehr durch einen mindestens gleichgewichtigen öffentlichen Zweck gerechtfertigt, als unverhältnismäßig und unzumutbar erweisen." (OVG Münster, Urt. v. 15.06.1998, 7 A 759–96, NVwZ-RR 1999, 239.)

Diese Auffassung des OVG Münster ist aus rechtlicher Sicht zustimmungswürdig. Denn anderenfalls würde der ökologische Verlust überkompensiert. Überkompensationen sind jedoch nicht ohne Weiteres zulässig (OVG Berlin-Brandenburg, Beschl. v. 05.05.2017, OVG 11 N 90.16, BeckRS 2017, 110294). Nicht ausreichend ist, die obligatorische Ersatzpflanzungspflicht für abgestorbene Bäume gegen intendiertes Ermessen („soll") auszutauschen. Auch solche Regelungen sind als unverhältnismäßig zu erachten (VG Frankfurt am Main, Urt. v. 09.06.2009, 8 K 920/09.F, LKRZ 2009, 385).

Die Anforderungen an die Ersatzpflanzung sind in der Baumschutzsatzung detailliert zu regeln. Anderenfalls können die Ersatzpflanzungsregelungen zu unbestimmt und somit rechtsfehlerhaft sein (OVG Magdeburg, Beschl. v. 15.10.2019, 2 L 37/18, NVwZ-RR 2020, 394). Unter solchen Fehlern leiden u. a. die Baumschutzsatzungen der Städte Langenselbold, Marburg und Bad Camberg, die entweder gar nichts über die Ersatzpflanzung aussagen oder den konkreten Umfang der Ersatzpflanzung in das Ermessen der Behörde zu stellen.

Etabliert hat sich, in der Baumschutzsatzung Art, Größe und Standort der Ersatzpflanzung zu bestimmen. Vorgaben zur Baumart sind nicht zwingend und können dem Pflichtigen überlassen werden.

In der Diskussion um Klimabäume sind etliche Baumlisten entstanden, die gelegentlich auch in Baumschutzsatzungen integriert werden und die Baumauswahl festlegen. Mit Blick auf die Dynamik der wissenschaftlichen Ergebnisse sind solche Listen mit Vorsicht zu genießen, denn sie lassen sich nur durch eine Satzungsänderung anpassen. Sinnvoller kann es sein, Baumlisten als Empfehlung und nicht als Bestandteil der Satzung herauszugeben. Diese sind dann zwar nicht rechtsverbindlich, lassen sich aber fortlaufend anpassen und durch eine geschickte Kommunikation mit den Bürgern auch umsetzen.

Unschädlich ist bislang die Festlegung einiger Baumschutzsatzungen, Ersatzpflanzungen in Laubbäume verschiedener Ordnungen zu unterteilen (§ 4 BSS Frankfurt am Main, Anlage 2 BSV Potsdam). Die Gerichte haben dies bislang nicht beanstandet. Gleichwohl macht es Sinn und ist für den Laien auch nachvollziehbar zu erläutern, welche Bäume darunter zu verstehen sind (Anlage 2 BSV Potsdam).

Größe und Anzahl der Ersatzpflanzung bestimmen sich nach der Größe des gefällten Baums. Dies wird bundesweit jedoch sehr unterschiedlich gehandhabt. Einfach zu handhaben sind die Fälle, in denen die Ersatzpflanzung 1:1 vorzunehmen ist. Für jeden gefällten Baum ist unabhängig von dessen Größe ein Ersatzbaum zu pflanzen (§ 7 Abs. 1 BSS Hünfeld).

Zwar wird man einen entfernten Baum nie sofort gleichwertig ersetzen können und es wird immer dauern, bis der ökologische Wert ausgeglichen ist (time lag). Man kann diesen Zeitraum jedoch verkürzen, indem die Größe der Ersatzpflanzung von der Größe des beseitigten Baums abhängt. Stattdessen kann auch die Anzahl der Ersatzpflanzungen erhöht werden. Ab einem bestimmten Mindestumfang eines beseitigten Baums sind dann zwei oder noch mehr Bäume zu pflanzen:

„Die Ersatzpflanzung bemisst sich nach dem Stammumfang des zu ersetzenden Baumes. Beträgt dessen Stammumfang, gemessen in 1 m Höhe über dem Erdboden, bis zu 200 cm, ist als Ersatz ein Baum, möglichst ein Laubbaum, mit einem Mindestumfang von 16–18 cm, gemessen in 1 m Höhe, zu pflanzen. Beträgt der Umfang des zu fällenden Baumes mehr als 200 cm, ist für jeden weiteren angefangenen Meter Stammumfang ein zusätzlicher Baum der vorbezeichneten Art zu pflanzen.“ (§ 5 Abs. 2 BSS Darmstadt.)

Solche Regelungen über die Ersatzpflanzung sind aus rechtlicher Sicht unbedenklich, da sie die Größe der Ersatzpflanzung fast auf den Zentimeter genau bestimmen und somit dem Bestimmtheitsgrundsatz in besonderer Weise entsprechen.

Allerdings darf die Anzahl der ersatzweise zu pflanzenden Bäume nicht reduziert werden, um dies durch dann durch einen größeren als zulässigen Mindestumfang auszugleichen. Solche sicherlich gut gemeinten Anpassungen, die in Einzelfällen sinnvoll sein können, sind nicht zulässig. Denn mit der Überschreitung des Mindeststammumfangs überschreitet die Behörde ihr Ermessen. Die Nebenbestimmung zur Ersatzpflanzung kann dann angefochten werden. Dies hat zur Folge, dass die Fällgenehmigung bestehen bleibt, die Ersatzpflanzungspflicht jedoch wegfällt (VG Frankfurt (Oder), Urt. v. 20.09.2023, 5 K 339/21, BeckRS 2023, 30494).

Der Standort der Ersatzpflanzung ist zumeist abgestuft geregelt. Grundsätzlich soll Ersatz auf dem gleichen Grundstück, auf dem der beseitigte Baum stand, gepflanzt werden. Dies ist nicht immer möglich. Praktische Probleme tauchen vor allem dann auf, wenn Bäume einem Bauvorhaben weichen müssen. Dann ist häufig nicht ausreichend Platz für Ersatzpflanzungen vorhanden. Dann können Baumschutzsatzungen subsidiär bestimmen, dass der Ersatz auf einem anderen Grundstück im Gemeindegebiet anzupflanzen ist.

Ersatzpflanzungen sind schließlich unmittelbar durch die Baumschutzsatzung geschützt. Anderenfalls liefe die Ersatzpflanzungspflicht leer, weil die Ersatzpflanzung nie den Mindeststammumfang des sachlichen Anwendungsbereichs der Baumschutzsatzung erreicht. Deswegen ist zu empfehlen, in die Baumschutzsatzung eine entsprechende Regelung aufzunehmen, die den Schutz der Ersatzpflanzung ausdrücklich bestimmt (§ 2 Abs. 2d) BSS Münster).

3.3.1.2.2 Ausgleichszahlungen

Ersatzpflanzungen sind auch bei freier Standortwahl nicht immer möglich. Dann muss jedoch nicht auf eine Kompensation verzichtet werden. Für solche Fälle lassen sich in Baumschutzsatzungen Ausgleichszahlungen festschreiben.

§ 29 Abs. 2 BNatSchG stellt Ersatzpflanzungen und Ausgleichszahlungen auf eine Stufe, gleichwohl sind Ausgleichszahlungen meistens nachrangig. In der Praxis sind Ausgleichszahlungen weniger relevant als oftmals angenommen wird. Für die Stadt Frankfurt ist beispielsweise belegt, dass zwischen 2009 und 2013 bei jährlich ca. 1.400 Fällgenehmigungen Ersatzpflanzungen angeordnet wurden, aber jährlich maximal 48 Genehmigungen mit der Auflage einer Ausgleichszahlung versehen waren (Magistratsbericht B 68 vom 03.03.2014).

Die Bemessung der Höhe der Ausgleichszahlung ist gesetzlich nicht geregelt. Denkbar ist ein Verweis auf die entsprechende Regelung zum naturschutzrechtlichen Eingriff nach § 15 Abs. 6 BNatSchG. Hierauf verweist etwa § 14 Abs. 2 S. 3 LNatSchG RP für Baumschutzsatzungen.

Die praktikabelste Lösung ist, die Höhe der Ausgleichszahlung pauschal nach der Größe des gefällten Baums zu staffeln. Eine solche Regelung enthält die Hanauer Baumschutzsatzung in § 4 Abs. 3 (Tab. 2).

Alternativ kann auch darauf abgestellt werden, dass die Höhe der Ausgleichszahlung vom Wert der ansonsten vorzunehmenden Ersatzpflanzung abhängt. Solche Regelungen gelten noch als hinreichend bestimmt (OVG Koblenz, Urt. v. 16.01.2008, 8 A 10976/07, NVwZ-RR 2008, 527).

Beispiel: Ist eine Ersatzpflanzung nicht möglich oder zumutbar, so ist eine Ausgleichszahlung zu leisten, deren Höhe sich nach den ersparten Aufwendungen richtet (§ 5 Abs. 2 BSV Würzburg).

Fehlt ein solcher Bezug zur Ersatzpflanzung jedoch und wird die Höhe der Ausgleichszahlung allein in das Ermessen der Behörde gestellt, ist die Regelung zu unbestimmt und die Bemessung der Ausgleichszahlung deshalb willkürlich (VG Würzburg, Urt. v. 16.08.2016, W 4 K 16.81, BeckRS 2016, 114877).

Nach dem VG Berlin hat der Widerspruch gegen die Festsetzung der Ausgleichszahlung keine aufschiebende Wirkung, weil es sich um eine Abgabe im Sinne von § 80 Abs. 2 S. 1 Nr. 1 VwGO) handeln soll (VG Berlin, Urt. v. 09.01.2024, VG 24 L 305/23, BeckRS 2024, 117).

3.3.1.2.3 Methode Koch bei Ausgleich nach Baumschutzvorschriften nicht anwendbar

Vereinzelt soll die Höhe der Ausgleichszahlung nach der Methode Koch ermittelt werden (§ 7 Abs. 4 BSS Emsdetten; §§ 6 Abs. 4, 8 Abs. 3 BSS Halberstadt). Rechtsdogmatisch ist dies jedoch

Tab. 2: Staffelung der Ausgleichszahlungen nach BSS Hanau.

Stammumfang in cm (Ersatzpflanzung)	Ausgleichszahlung: Durchschnittspreis in € + 30 % Pflanzkosten
mindestens 12	279,50 €
mindestens 14	396,50 €
mindestens 14	520,00 €

entschieden abzulehnen. Die Methode Koch wurde entwickelt, um den Baumwert für die Höhe zivilrechtliche Schadensersatzansprüche zu ermitteln (§§ 249 ff. BGB).

Hiermit hat die Ausgleichszahlung nach den Baumschutzsatzungen oder anderen Baumschutzvorschriften nichts zu tun. Bei der naturschutzrechtlichen Kompensation soll ein ökologischer Mindestausgleich durch die Ersatzmaßnahme erreicht werden. Die Ausgleichszahlung soll in etwa diesen Kosten entsprechen und keinen Wertverlust am Grundstück wie bei der Ermittlung von Schadensersatzansprüchen darstellen (Vornholt, Baumschutzrecht, 95).

Die Rechtsprechung hat sich hiermit bislang noch nicht vertieft befasst. Das VG Düsseldorf hat in einer Entscheidung zur Eingriffskompensation nach § 15 Abs. 6 BNatSchG eine Ermittlung der Kompensationshöhe nach der Methode Koch trotz Kritik des Klägers nicht beanstandet. Allerdings hat sich das Gericht dazu in seiner Entscheidungsbegründung nicht geäußert (VG Düsseldorf, Urt. v. 02.11.2020, 25 K 3993/19, BeckRS 2020, 38676).

Das OVG Koblenz hat hingegen eine Baumschutzsatzung, die nach dem Vortrag der beklagten Kommune die Ausgleichszahlung explizit nicht nach der Methode Koch ermittelt, deswegen nicht für fehlerhaft erachtet (OVG Koblenz, Urt. v. 16.01.2008, 8 A 10976/07, NVwZ-RR 2008, 527). Auch hier hat sich das Gericht jedoch nicht damit befasst, ob die Methode Koch geeignet ist.

Obwohl sich die Rechtsprechung also offenbar noch nicht abschließend mit diesem Problem befasst hat, gehen Städte und Gemeinde ein hohes Risiko ein, wenn sie in ihrer Baumschutzsatzung regeln, dass die Höhe der Ausgleichszahlung nach der Methode Koch zu ermitteln ist. Die hinreichende Bestimmtheit dieser Methode muss man nicht unbedingt ins Felde führen. Allerdings wird bei der Methode Koch nicht auf den ökologischen Verlust abgestellt, weswegen die Zielvorgabe der naturschutzrechtlichen Ausgleichszahlung völlig verfehlt wird und sich diese Methode deswegen nicht für die Bemessung der Ausgleichszahlung eignet. Letztlich werden durch die Anwendung der Methode Koch bei der Ermittlung der Ausgleichszahlung Äpfel mit Birnen verglichen.

3.3.2 Öffentliches Baurecht

Das öffentliche Baurecht kennt ebenfalls ein System von Ausnahmen und Befreiungen. Ausnahmen sind Dispensvorschriften, die unmittelbar im Bebauungsplan geregelt sind (§ 31 Abs. 1 BauGB). Sie können deswegen individuell gestaltet sein, sind in Bezug auf baumschutzrechtliche Festsetzungen aber sehr selten. Meist gelten sie nur für Anpflanzungspflichten nach § 9 Abs. 1 Nr. 25 lit. a) BauGB und erlauben eine Abweichung vom vorgeschriebenen Pflanzstandort.

Befreiungen sind im Gesetz angelegt und dort auch abschließend geregelt (§ 31 Abs. 2, 3 BauGB). Befreiungen erlauben ebenfalls Abweichungen von den Festsetzungen des Bebauungsplans.

3.3.2.1 Ausnahmen und Befreiungen

Befreiungen nach § 31 Abs. 2 BauGB müssen insbesondere die Grundzüge der Planung unberührt lassen. Sollte der Baumschutz oder eine starke Quartiersdurchgrünung im Bebauungsplan als wesentliches planerisches Ziel angelegt sein, werden vor allem umfangreiche Baumfällungen die Grundzüge der Planung berühren können. Bei einzelnen Bäumen wird man dies annehmen können, wenn die Bedeutung der betroffenen Bäume besonders hervorgehoben ist. Maßgeblich lässt sich dies anhand der Begründung des jeweiligen Bebauungsplans beurteilen. Wird z. B. von einer *waldähnlichen* Quartiersgestaltung gesprochen, dann ist dies ein starkes Indiz für die besondere Bedeutung von Bäumen in der jeweiligen Bauleitplanung.

Auch aus der Plankonzeption und insbesondere den Festsetzungen kann sich ergeben, dass der Baumschutz ein Grundzug der Planung ist. Dies ist jedoch ungemein schwer herauszuarbeiten. In der Regel wird für eine solche Annahme der Schutz von Bäumen insbesondere durch umfangreiche Erhaltungsbindungen hervorstechen müssen.

Durch das Baulandmobilisierungsgesetz wurde 2021 die Befreiungsvorschrift des § 31 Abs. 3 BauGB neu eingefügt. Hierbei kommt es nicht darauf an, ob die Grundzüge der Planung berührt sind. Diese Befreiungsvorschrift gilt vorerst nur zeitlich begrenzt und lässt Befreiungen unter stark vereinfachten Voraussetzungen zu. Allerdings gilt die Regelung nur für den Wohnungsbau, der häufig mit dem Baumschutz kollidieren kann.

Mit der bauordnungsrechtlichen Abweichung gibt es noch eine dritte baurechtliche Dispensmöglichkeit. Ihr Anwendungsbereich ist im Baumschutzrecht jedoch sehr eingeschränkt.

3.3.2.2 Kompensation

Bebauungspläne kennen nur Anpflanzungs- und Ersatzpflanzungspflichten. Ausgleichszahlungen sind nicht vorgesehen. Im Fall der Erstanpflanzungspflicht gemäß § 9 Abs. 1 Nr. 25 lit. a) BauGB erlischt die Pflanzpflicht der Festsetzung nicht mit oder nach der Erstanpflanzung. Anderenfalls würde die Festsetzung leerlaufen und der Anpflanzungspflichtige könnte den Baum sanktionslos seinem Schicksal überlassen oder beseitigen. Das Pflanzgebot ist eine ständige Verpflichtung und verlangt während der gesamten Geltungsdauer des Bebauungsplans Nachpflanzungen bei Abgang. Die Pflicht zur Ersatzpflanzung besteht deswegen auch ohne ausdrückliche Festsetzung im Bebauungsplan. Für nachzupflanzende Bäume gelten dabei die gleichen Anforderungen wie für die Erstanpflanzung.

Umstritten war lange Zeit, ob Ersatzpflanzungspflichten auch für Bäume gelten, die durch eine Erhaltungsbindung geschützt sind (§ 9 Abs. 1 Nr. 25 lit. b) BauGB). Das Bundesverwaltungsgericht hat mittlerweile klargestellt, dass für solche Bäume eine Ersatzpflanzungspflicht gelten kann (BVerwG, Urt. v. 08.10.2014, 4 C 30/13, NVwZ 2015, 159). Die Entscheidung betrifft jedoch nur den Fall, dass geschützt Bäume unerlaubt gefällt werden. Ist die Baumfällung durch eine Befreiung nach § 31 Abs. 2, 3 BauGB genehmigt worden, muss die Ersatzpflanzung mit der Befreiung angeordnet werden. Nachträglich ist sie nicht mehr möglich, weil mit der Befreiung von der Erhaltungspflicht suspendiert wird.

3.4 Sanktionen

Baumerhaltungsvorschriften sind durchweg Verbotsnormen. Als solche sind sie nur dann wirksam, wenn bei Verstößen Sanktionen drohen.

Kompensationsmaßnahmen sind keine Sanktionen. Sie zielen allein auf den Ausgleich der Auswirkungen von Baumfällungen ab und können gleichermaßen für erlaubte/genehmigte sowie für unerlaubte Maßnahmen gelten. Sanktionen setzen hingegen eine unerlaubte Maßnahme voraus.

Wird ein geschützter Baum ohne Erlaubnis gefällt, wird dadurch in der Regel eine Ordnungswidrigkeit begangen, die ein Bußgeld nach sich zieht. Handelt es sich um einen fremden Baum und stimmt der Baumeigentümer der Maßnahme nicht zu, kann auch eine strafbare Sachbeschädigung gemäß § 303 StGB vorliegen (AG Münster, Urt. v. 08.12.2022, 50 Cs-540 Js 382/21-135/22). Dabei kommt es aber auf die Kenntnis des Täters an, da nur vorsätzliche Sachbeschädigungen strafbar sind. Bei Naturdenkmälern kommt auch eine gemeinschädliche Sachbeschädigung in Betracht (§ 304 StGB).

Die in Deutschland für unerlaubte Baumfällungen verhängten Bußgelder werden von Naturschützern häufig als zu niedrig kritisiert – Bauherrn und Grundstückseigentümer sehen dies naturgemäß meist anders. Gleichwohl sind im europäischen Ausland Fälle bekannt, bei denen das Bußgeld deutlich höher ausfällt als hierzulande. In Großbritannien wurde beispielsweise ein Bußgeld in Höhe von 50.000 englischen Pfund fällig, weil ein Privatmann unerlaubt durch eine tree preservation order geschützte Eichen fällen ließ *(https://www.bbc.com/news/uk-england-hampshire-62900011)*. Solche Bußgelder sind in Deutschland eher die Ausnahme denn die Regel, obwohl der Bußgeldrahmen bis zu 50.000 Euro und mehr betragen kann.

3.4.1 Baumschutzsatzungen

Der Bußgeldrahmen reicht für Ordnungswidrigkeiten gemäß § 17 Abs. 1 OWiG von 5 Euro bis 1.000 Euro. Dies gilt aber nur, wenn in den speziellen Regelwerken keine Bußgelder festgelegt werden. In Hessen können Verstöße gegen die Verbote beispielsweise mit Bußgeldern bis zu 50.000 Euro geahndet werden (§§ 63 Abs. 1 Nr. 12 lit. b), Abs. 2 HENatG).

Sanktionierbar ist dabei nicht zwangsläufig nur vorsätzliches, sondern teilweise auch fahrlässiges Handeln, z.B. § 77 Abs. 1 Nr. 4 LNatSchG NRW. Fahrlässigkeit kommt u.a. in Betracht, wenn von einem geschützten Baum auf dem Nachbargrundstück herüberragende Äste so stark zurückgeschnitten werden, dass die Baumkrone umfangreich an Volumen verliert (SächsVerfGH, Beschl. v. 27.08.2015, Vf. 15-IV-15, BeckRS 2015, 52706, Beschl. v. 27.08.2015, Vf. 15-IV-15).

Ein Bußgeld droht auch jenen Personen, die sich gar nicht an der verbotenen Maßnahme direkt beteiligen. So wurde z.B. bereits ein Mitglied einer Wohnungseigentümergemeinschaft sanktioniert, weil es bei einer unerlaubten Baumfällung bloß zugegen ist, sich nicht gegen die Maßnahme aussprach und nichts unternahm, um die Maßnahme zu verhindern (KG Berlin, Beschl. v. 27.02.2002, 2 Ss 215/01 – 5 Ws (B) 106/02 Beschl. v. 27.02.2002, 2 Ss 215/01 – 5 Ws (B) 106/02). Man darf allerdings – auch mangels vergleichbar strenger Urteile – durchaus bezweifeln, ob die zu sanktionierende Beteiligung bereits so niedrigschwellig angenommen werden sollte.

Die Höhe der Bußgelder ist meist sehr überschaubar. Zwar sind die Bußgeldrahmen durchaus beachtlich. Fünfstellige Bußgelder sind dennoch sehr selten.

Praxisbeispiele zur Bußgeldhöhe:

- Beim unerlaubten Rückschnitt z.B. von Überhang kam in der Vergangenheit häufig ein dreistelliges Bußgeld in Betracht (OLG Hamm, Beschl. v. 06.11.2007, 3 Ss OWi 494/07, NJW 2008, 453: 250 Euro; KG Berlin, Beschl. v. 12.09.2000, 2 Ss 158/00 – 5 Ws (B) 499/00, BeckRS 2014, 12043: 800 Euro).
- Die Bußgelder für das Fällen einzelner Bäume fallen dagegen schon höher aus. Vergleicht man verschiedene Fälle, dann fällt auf, dass Baumfällungen im gewerblichen

Kontext meist mit höheren Bußgeldern geahndet werden als die Missetaten von Privatpersonen. Das OLG Oldenburg erachtet z. B. ein Bußgeld für die Fällung von zwei Birken als rechtmäßig, bei dem der Bußgeldrahmen (20.000 Deutsche Mark) vollständig ausgeschöpft wurde (OLG Oldenburg, N+R 85, 248). Dass der Bußgeldrahmen ausgeschöpft wird, stellt jedoch die Ausnahme dar, und ist auf extreme Fälle von Fällungen größerer Baumbestände beschränkt. Dennoch sind auch vierstellige Bußgelder für die Fällung von ein oder zwei Bäumen denkbar (OLG Düsseldorf, Beschl. v. 15.08.2008, 2 Ss (OWi) 88/98 – (OWi) 63/08 II, BeckRS 2011, 26095: 2.000 Euro).

Allgemein sind Bußgelder nur schwer vergleichbar. Denn anders als bei Verkehrsverstößen gibt es für Baumsatzungsverstöße keinen Bußgeldkatalog. Die Bußgeldhöhe ist immer eine Einzelfallentscheidung, und sie setzt sich aus diversen Aspekten und Kriterien zusammen. Eine Ermittlung des Bußgelds ausschließlich anhand des Baumwerts verbietet sich schon von Gesetzes wegen. Denn gemäß § 17 Abs. 3 OWiG sind für die Höhe der Geldbuße die individuelle Vorwerfbarkeit des Täters und auch dessen wirtschaftliche Verhältnisse maßgeblich. Die Methode Koch ist für die Bußgeldfestsetzung vollkommen ungeeignet, weil sie dem Ausgleich des Sachwerts dient und somit nur für die zivilrechtliche Wertermittlung taugt. Insofern gilt hier das Gleiche wir für die Kompensationszahlungen.

3.4.2 Sonstige Baumschutzvorschriften

Auch wer Bäume außerhalb der Frist nach § 39 Abs. 5 S. 1 Nr. 2 BNatSchG fällt, handelt ordnungswidrig. Verstöße können hier mit Geldbußen bis zu 10.000 Euro geahndet werden (§ 69 Abs. 3 Nr. 13, Abs. 7 BNatSchG). Wegen der jüngeren Rechtsprechung des VGH Kassel gilt das temporäre Fällverbot jedoch nur noch sehr eingeschränkt (VGH Kassel, Beschl. v. 22.4.2022, 4 B 503/22, NuR 2022, 565).

Werden Bäume durch einen Bebauungsplan geschützt, ist deren unerlaubte Beseitigung nach § 213 Abs. 1 Nr. 3 BauGB eine Ordnungswidrigkeit. Dies gilt aber nur für Bäume, die durch eine Erhaltungspflicht nach § 9 Abs. 1 Nr. 25 lit. b) BauGB geschützt sind. Für Bäume, die wegen einer Anpflanzungspflicht im Bebauungsplan neu zu pflanzen sind, gilt die Vorschrift aufgrund des eindeutigen Gesetzeswortlauts nicht.

Etwas anderes kann jedoch gelten, wenn sich die Anpflanzungspflicht aus einer örtlichen Bauvorschrift ergibt und ihr nicht nachgekommen wird. So bestimmen z. B. die Landesbauordnungen Hessens (§ 86 Abs. 1 Nr. 23 HBO) und Bayerns (Art. 79 Abs. 1 S. 1 Nr. 1 BayBO), dass derjenige ordnungswidrig handelt, der die Vorgaben einer örtlichen Bauvorschrift nicht umsetzt. Das setzt jedoch voraus, dass in der jeweiligen Satzung auf die Bußgeldvorschrift hingewiesen wird. Ein entsprechender Verweis fehlt z. B. in der Freiraumgestaltungssatzung der Stadt München, wohingegen in der Regensburger Freiflächengestaltungssatzung ein entsprechender Verweis in § 10 enthalten ist.

3.5 Verwaltungsverfahren und Rechtschutz

Die Genehmigung von Ausnahmen und Befreiungen, um Bäume legal fällen oder erheblich zurückschneiden zu dürfen, erfordert einen Antrag bei der zuständigen Behörde. Wird ein solcher Antrag genehmigt oder versagt, können hiergegen in bestimmten Fällen Rechtsbehelfe eingelegt werden.

3.5.1 Verwaltungsverfahren bei Ausnahmen und Befreiungen

Die Antragsverfahren sind entweder gesetzlich oder in den Satzungen geregelt. Den Städten und Gemeinden steht es weitgehend frei, das Genehmigungsverfahren für Ausnahmen von den Verboten der Baumschutzsatzungen selbstständig zu regeln. Die Anträge sind in der Regel schriftlich zu stellen. Eine E-Mail genügt grundsätzlich nicht der Schriftform und erfüllt nur die Textform. In den Baumschutzsatzungen können Anträge per E-Mail jedoch zugelassen werden. Gelegentlich stellen Städte und Gemeinden auch Antragsformulare bereit, die die Antragstellung erleichtern.

In jedem Fall ist der Antrag im Einzelnen zu begründen. Dies bedeutet, dass anzugeben ist, aus welchen Gründen die beantragten Maßnahmen zulässig sind. Aus dem Antrag muss schlüssig hervorgehen, welcher Ausnahmetatbestand nach der Baumschutzsatzung erfüllt sein soll. Der Antrag ist darüber hinaus auch zu plausibilisieren. Wird beispielsweise eine Baumfällung wegen eines kranken Baums beantragt, ist nachzuweisen, dass der Baum krank ist und warum er nicht mit zumutbarem Aufwand erhalten werden kann.

Einige Baumschutzsatzungen bestimmen, dass die Behörde über den Antrag innerhalb einer bestimmten Frist entscheiden muss. Entscheidet die Behörde nicht fristgemäß, gilt der Antrag als genehmigt (Genehmigungsfiktion). Bei solchen Regelungen ist vor allem darauf zu achten, dass sie nicht gegen abweichende Vorschriften der höherrangigen Landesnaturschutzgesetze verstoßen. Regeln diese auch für den Bereich der Baumschutzsatzungen selbstständig die Genehmigungsfiktion, dann ist für davon abweichende Fristen in einer Baumschutzsatzung kein Raum und die Baumschutzsatzung droht deswegen fehlerhaft zu sein (VG Wiesbaden, Urt. v. 14.09.2016, 4 K 825/16.WI, BeckRS 2016, 110783). In Hessen wurde eine entsprechende Regelung über die Genehmigungsfiktion zuletzt gestrichen (vgl. zur früheren Rechtslage: § 3 Abs. 2 S. 1 Nr. 3 lit. b HAGBNatSchG a.F.).

Besondere Vorsicht ist geboten, wenn eine Baumschutzsatzung Bestimmungen dazu enthält, dass bei Bauvorhaben die Baugenehmigungsbehörde über eine Baumfällgenehmigung nach der Baumschutzsatzung entscheiden solle. Eine solche Verfahrenskonzentration ist weder in den Landesnaturschutzgesetzen noch in den Landesbauordnungen vorgesehen. Genauso problematisch sind Regelungen von Baumschutzsatzungen darüber, dass die Bauvorlagen Angaben zum Baumschutz enthalten sollen (§ 5 Abs. 3 BSS Alsfeld; § 8 BSS Loxstedt). Dadurch werden in Baumschutzsatzungen unzulässige Regelungen über das Baugenehmigungsverfahren und den Inhalt von Bauantragsunterlagen getroffen, wozu die Kommunen nicht befugt sind (z. B. § 82 Abs. 2 Nr. 8 NBauO). Der Inhalt und Umfang der Bauvorlagen für einen Bauantrag ist in den Bauvorlagenverordnung/Erlassen der Bundesländer geregelt. Die Gemeinden und Städte dürfen mangels gesetzlicher Ermächtigung keine eigenständigen Regelungen über das Baugenehmigungsverfahren erlassen.

Die übrigen Ausnahmen und Befreiungen von baumschutzrechtlichen Vorschriften bestimmen sich nach gesetzlichen Regelungen. Von den gesetzlichen Baumschutzvorschriften des Naturschutzrechts können Befreiungen nach § 67 Abs. 1 BNatSchG beantragt werden. Hierüber entscheidet im Regelfall die untere Naturschutzbehörde.

Ausnahmen, Befreiungen und Abweichungen von Baumschutzvorschriften des öffentlichen Baurechts richten sich im Wesentlichen nach den Verfahrensbestimmungen der Landesbauordnungen (z. B. § 73 Abs. 2-5 HBO). Insbesondere Befreiungen nach § 31 Abs. 2, 3 BauGB können isoliert beantragt werden, d. h. es ist keine Verbindung mit einem Bauvorhaben erforderlich. Ansonsten könnten beispielsweise keine Anträge für Maßnahmen an nicht verkehrssicheren Bäumen, die durch Bebauungspläne geschützt sind, gestellt werden (Vornholt/BeckOK HBO, § 73, Rn. 29a).

3.5.2 Rechtsschutz

Beim Rechtsschutz im Zusammenhang mit Baumschutzvorschriften gibt es zwei Fallgruppen:

- Die Klage auf Erteilung einer versagten (Fäll-) Genehmigung.
- Die Klage/Anfechtung einer erteilten (Fäll-) Genehmigung.

In beiden Fällen ist der Kreis der Klageberechtigten eng. Das deutsche Verwaltungsprozessrecht sieht vor, dass nur derjenige behördliches Handeln oder Nichthandeln vor die Verwaltungsgerichte tragen darf, der auch potenziell in eigenen (subjektiven) Rechten verletzt ein kann (§ 42 Abs. 2 VwGO). Durch diese Voraussetzungen an die Klagebefugnis sollen u. a. Popularklagen und eine uferlose Belastung der Verwaltungsgerichte vermieden werden.

3.5.2.1 Verpflichtungsklage auf Erteilung der Genehmigung

Versagt eine Behörde die beantragte Genehmigung für einen Dispens von den Verboten einer Baumschutzvorschriften, kann der Antragsteller hiergegen mittels Verpflichtungsklage vor das Verwaltungsgericht ziehen (VG Weimar, Urt. v. 03.05.2022, 7 K 1050/20 WE, NVwZ-RR 2022, 808). In einigen Bundesländern ist vorher ein Widerspruchsverfahren durchzuführen. Klagebefugt ist immer der Grundstückseigentümer, auf dessen Grundstück sich der betroffene Baum befindet. Pächter und Mieter sind als Nutzungsberechtigte zumeist auch klagebefugt. Hier können Behörden allerdings analog zu den Grundsätzen bei Baugenehmigungsverfahren eine Zustimmung des Grundstückseigentümers verlangen. Kann diese nicht vorgelegt werden, liegt der Schluss nahe, dass dieser mit der beantragten Maßnahme nicht einverstanden ist und diese Maßnahme somit im zivilrechtlichen Innenverhältnis untersagen wird. Die beantragte Erlaubnis ist dann faktisch nicht durchsetzbar, sodass dem Antragsteller das erforderliche Sachbescheidungsinteresse fehlt. Eine solche Eigentümerzustimmung können die Behörden auch bereits im Antragsverfahren abfragen.

In einigen Fällen können auch Nachbarn klagebefugt sein, die sich aufgrund zivil-nachbarrechtlicher Vorschriften (z. B.: §§ 910, 1004 BGB) gegen Beeinträchtigungen durch einen Baum wehren wollen und dessen Rückschnitt oder Fällung begehren. Sind solche störenden Bäume durch Baumschutzvorschriften geschützt, ist der nachbarrechtliche Abwehranspruch blockiert. Damit der gestörte Nachbar seine zivilen Abwehrrechte durchsetzen kann, wird ihm zugestanden, eine Ausnahme oder Befreiung von Baumschutzvorschriften zu beantragen und diese ggf. auch vor dem Verwaltungsgericht zu erstreiten (BGH, Urt. v. 14.6.2019, V ZR 102/18, NJW-RR 2019, 1356; OVG Saarlouis, Beschl. v. 07.06.2017, 2 A 361/17, NVwZ-RR 2017, 914).

3.5.2.2 Keine Nachbarklage gegen erteilte Genehmigung

Gleichwohl die Rechtslage seit Jahrzehnten geklärt ist, sind die Verwaltungsgerichte regelmäßig mit Klagen beschäftigt, mit denen Nachbarn die Beseitigung von Bäumen in der Nachbarschaft verhindern wollen. Solche Klagen weisen die Verwaltungsgerichte dogmatisch zutreffend wegen fehlender Klagebefugnis ab (ständige Rechtsprechung, u. a. VGH Kassel, Beschl. v. 22.12.2016, 3 B 2591/16, BauR 2017, 1000). Diese für Baumschutzsatzungen entwickelte Rechtsprechung ist auch auf die übrigen Baumschutzvorschriften übertragbar, da auch diese keinen Individualinteressen dienen.

Baumschutzvorschriften schützen keine individuellen Rechtspositionen, sondern dienen wie zahlreiche umweltrechtliche Vorschriften ausschließlich öffentlichen Interessen. Deswegen können sich auch Miteigentümer nicht gegen eine einem anderen Miteigentümer erteilte Genehmigung wehren (VG Bremen, Gerichtsbescheid v. 27.04.2023, VG 5 K 2513/20, BeckRS 2023, 13870).

3.5.2.3 Klagebefugnis der Umweltverbände

Etwas anderes gilt für anerkannte Umweltverbände, für die ein Verbandsklagerecht nach dem Umweltrechtsbehelfsgesetz besteht. Dieses Gesetz dient der Umsetzung völkerrechtlicher und unionsrechtlicher Vorgaben der Aarhus-Konvention und soll die Überprüfbarkeit umweltrelevanter Entscheidungen staatlicher Behörden ermöglichen. Dieses Gesetz ist anwendbar auf anerkannten Umweltverbände gemäß § 3 UmwRG, die klagebefugt sind, um Fällgenehmigungen anzufechten.

§ 1 Abs. 1 UmwRG enthält einen Katalog mit Entscheidungen, gegen die die Verbandsklage zulässig ist. Baumschutzrechtlich relevante Maßnahmen sind dort nicht explizit genannt, sodass nur der Rückgriff auf den Auffangtatbestand von § 1 Abs. 1 S. 1 Nr. 5 UmwRG verbleibt. Danach ist der Anwendungsbereich der Verbandklage eröffnet für Verwaltungsakte oder öffentlich-rechtliche Verträge, durch die andere als in § 1 Abs. 1 S: Nr. 1 bis 2b UmwRG genannte Vorhaben unter Anwendung umweltbezogener Rechtsvorschriften des Bundesrechts, des Landesrechts oder unmittelbar geltender Rechtsakte der Europäischen Union zugelassen werden.

Diese gesetzliche Formulierung ist etwas sperrig, lässt aber Verbandsklagen von Umweltverbänden gegen baumschädigende Maßnahmen zu. Unstreitig ist, dass für Ausnahmen und Befreiungen von gesetzlichen Baumschutzvorschriften der Anwendungsbereich der Umweltverbandsklage eröffnet ist. Umstritten ist allerdings, ob die Verbandsklagebefugnis auch für Genehmigungen nach kommunalen Baumschutzvorschriften zulässig ist. Der VGH Kassel hat dies zuletzt verneint (VGH Kassel, Beschl. v. 22.4.2022, 4 B 503/22, NuR 2022, 565). Begründet wurde dies damit, dass insbesondere Baumschutzsatzungen keine Vorschriften des Bundes- oder Landesrechts seien. Dieses Ergebnis erstaunt, da die Städte und Gemeinden im zweigliedrigen Staatsaufbau der Bundesrepublik Deutschland Teil der Länder sind. Baumschutzsatzungen und Bebauungspläne sind deswegen Vorschriften des Landesrechts (OVG Lüneburg, Beschl. v. 29.12.2020, 1 ME 68/20, NVwZ-RR 2021, 342; Vornholt, NVwZ 2022, 1477). Anerkannten Umweltverbänden wird man deswegen ein Klagerecht gegen Baumfällgenehmigungen zugestehen müssen.

4 Anpflanzungspflichten

Wie schon in der Einleitung erläutert, gehören zum Baumschutzrecht nicht nur die Vorschriften über den Erhalt von Bäumen. Die Anpflanzung neuer Bäume ist der zweite wichtige Baustein, der sich selbstständig regeln lässt. Allerdings sind die rechtlichen Möglichkeiten, Neuanpflanzungen rechtlich verbindlich zu verlangen, weniger umfangreich als die zum Baumerhalt.

Das Naturschutzrecht kennt hierzu keinerlei Vorschriften. Allein das öffentliche Baurecht hält hierfür Regelungsmöglichkeiten bereit. Die Verantwortung liegt dabei ausschließlich bei den Städten und Gemeinden, die entsprechende Pflichten in Bebauungsplänen (Bauplanungsrecht) und örtlichen Bauvorschriften (Bauordnungsrecht) regeln können.

Die Bundesländer können solche Verpflichtungen auch in ihren Landesbauordnungen in den Vorschriften über die Grundstücksgestaltung vorsehen, haben hiervon aber bislang keinen Gebrauch gemacht. In den Vorschriften über die Gestaltung der nicht überbauten Grundstücksflächen bebauter Grundstücke (Grundstücksfreiflächen) wird lediglich verlangt, dass die Flächen zu begrünen oder zu bepflanzen sind (exemplarisch: § 8 Abs. 1 MBO).

Welche Qualität diese Grüngestaltung haben muss, ist nicht geregelt. Dies lässt sich nur durch Satzungen auf kommunaler Ebene konkretisieren. Im Zusammenhang mit der Begrünungspflicht von Grundstücksfreiflächen wird lediglich eine in ihrer Intensität nicht nachvollziehbare Diskussion über Schottergärten geführt. Obwohl Schottergärten durch die Gestaltungsvorgaben für Grundstücksfreiflächen bereits umfangreich unzulässig sind (OVG Lüneburg, Beschl. v. 17.01.2023, 1 LA 20/22, NJW 2023, 794), schaffen die Bundesländer seit einiger Zeit zusätzliche und rechtlich überflüssige Verbote für Schottergärten. Statt dieser Symbolpolitik ist eine Debatte über gesetzliche Vorgaben in den Landesbauordnungen über die Freiflächengestaltung längst überfällig (Vornholt, NVwZ 2023, 274). Bis dahin müssen es die Kommunen mit ihren Satzungen richten.

Die Praxis zeigt, dass Anpflanzungspflichten in Bebauungsplänen sehr etabliert sind und auch zunehmend mehr Städte Satzungen über die Freiflächengestaltung erlassen.

4.1 Bebauungspläne

Anpflanzungspflichten lassen sich in Bebauungsplänen durch Festsetzungen nach § 9 Abs. 1 Nr. 25 lit. a) BauGB integrieren. Solche Festsetzungen können für einzelne Flächen oder für das gesamte Plangebiet eines Bebauungsplans dazu verpflichten, Bäume oder andere Gehölze anzupflanzen. Als städtebauliches Instrument lässt sich mit solchen Festsetzungen die vorhandene Bepflanzung vervollständigen und die Durchgrünung im Plangebiet insgesamt erhöhen. Die Festsetzungen implizieren neben dem eigentlichen Gebot zur Erstanpflanzung auch Pflegegebote und verpflichten zu Ersatzpflanzungen beim Abgang von Bäumen.

4.1.1 Festsetzungen

In Bebauungsplänen lassen sich Anpflanzungspflichten sowohl zeichnerisch (Planzeichen Nr. 13.2.1. der Anlage zur Planzeichenverordnung) als auch textlich festsetzen. Beide Varianten sind in der Praxis etabliert. Zeichnerische Festsetzungen sind jedoch durch textliche Festsetzungen zu ergänzen, um den Inhalt der Anpflanzungspflicht hinreichend zu konkretisieren.

4.1.2 Zeichnerische Festsetzungen

Zeichnerisch lassen sich Anpflanzungspflichten für Einzelbäume ortsgenau festsetzen. Solche Festsetzungen von Pflanzpflichten für Einzelbäume an individuell bestimmten Standorten enthalten zahlreiche Bebauungspläne.

Daneben ist es aber auch möglich, zeichnerisch Flächen oder Abschnitte festzusetzen, auf denen neue Bäume zu pflanzen sind. Aus der Umgrenzung von Flächen zur Anpflanzung von Bäumen erwächst noch keine Anpflanzungspflicht. Denn die Festsetzung definiert nur die Fläche, die zu bepflanzen ist. Solche Flächen sind dann zwar nicht bebaubar. Allerdings gelten auch solche Fläche noch als Bauland im Sinne von § 19 Abs. 3 S. 1 BauNVO und sind für die Berechnung der Grundflächenzahl maßgeblich, gleichwohl sie nicht überbaut werden dürfen (OVG Berlin-Brandenburg, Urt. v. 19.10.2010, OVG 2 A 15.09, ZUR 2011, 328).

Die zeichnerische Festsetzung von Flächen zur Anpflanzung von Bäumen erfordert eine begleitende Festsetzung, die näher bestimmt, welche und wie viele Bäume dort anzupflanzen sind. Hierzu bieten sich verschiedene Varianten an:

- Innerhalb der Fläche können zu pflanzende Einzelbäume exakt verortet werden (Abb. 9).

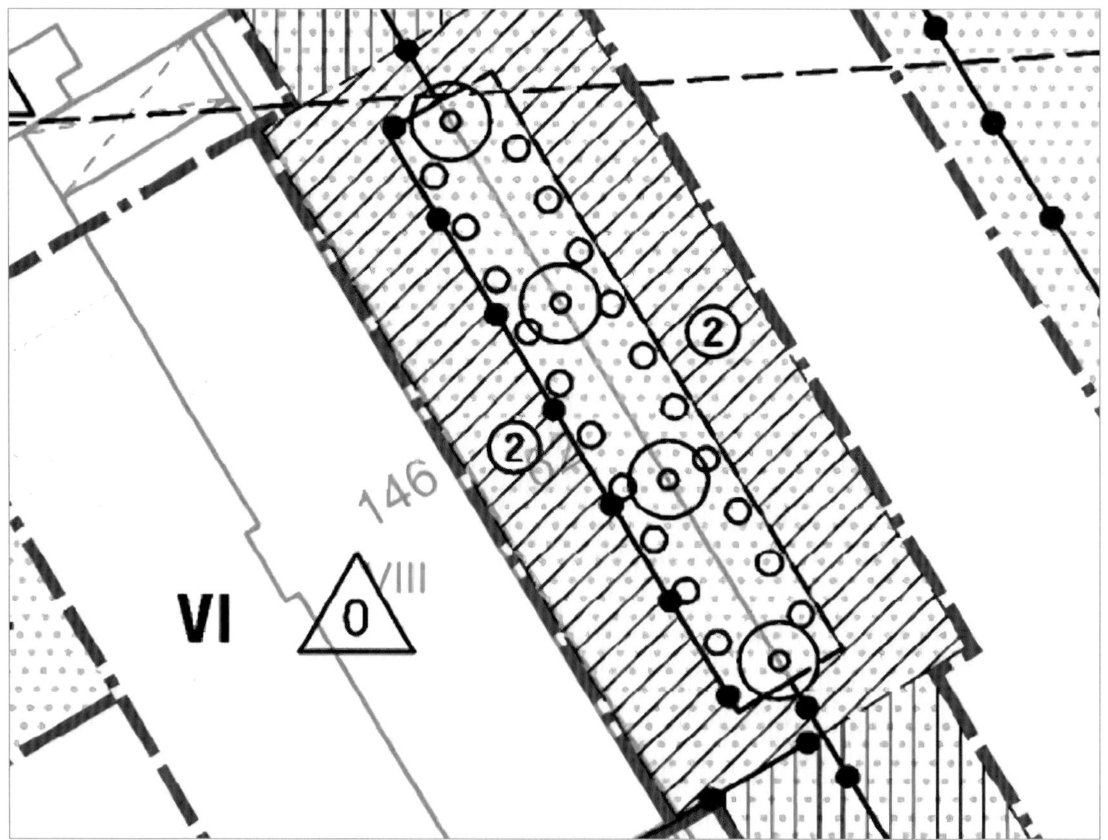

Abb. 9: Auszug aus dem Bebauungsplan Nr. 715Ä – Güterplatz/Heinrichstraße der Stadt Frankfurt am Main.

- Für Anpflanzungsflächen lässt sich zeichnerisch auch nur die Anzahl der dort neu zu pflanzenden Bäume festsetzen. Der genaue Standort liegt dann im Ermessen des Grundstückseigentümers, der die Bäume setzen muss (Abb. 10).

- Ähnlich wie die vorherige Festsetzung lassen sich Anpflanzungspflichten für Alleen oder einseitige Baumreihen treffen. Dabei wird die (Mindest-) Anzahl der auf einem bestimmten Abschnitt von Verkehrsflächen anzupflanzenden Bäume festgesetzt (Abb. 11).

Alternativ lässt sich in Bebauungsplänen die Anpflanzungspflicht auf definierten Flächen durch textliche Festsetzungen konkretisieren. Eine solche Kombination aus zeichnerischer und textlicher Festsetzung findet sich in dem Bebauungsplans Nr. 925 der Stadt Frankfurt am Main (Abb. 12). Der Standort der einzelnen Bäume lässt sich auf der jeweiligen Fläche frei wählen. Die Fläche wird dabei wie in den

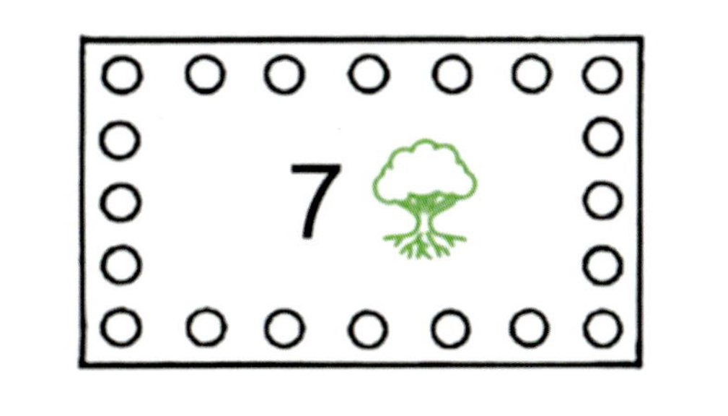

Abb. 10: Anpflanzungspflicht auf definierter Fläche.

vorherigen Beispielen festgesetzt. Um einen hinreichend deutlichen Bezug der textlichen Begleitfestsetzung zur Fläche herstellen zu können, ist die Fläche dann zu bezeichnen (hier „P-2“):

„*Auf mindestens 1.000 m² der Platzfläche P-2 sind verschiedene Pflanzbereiche anzulegen und zu gestalten. [...] Es sind insgesamt mindestens 12 mittel- bis großkronige standortgerechte Laubbäume zu pflanzen.*“ (Textliche Festsetzung Nr. 10.2.)

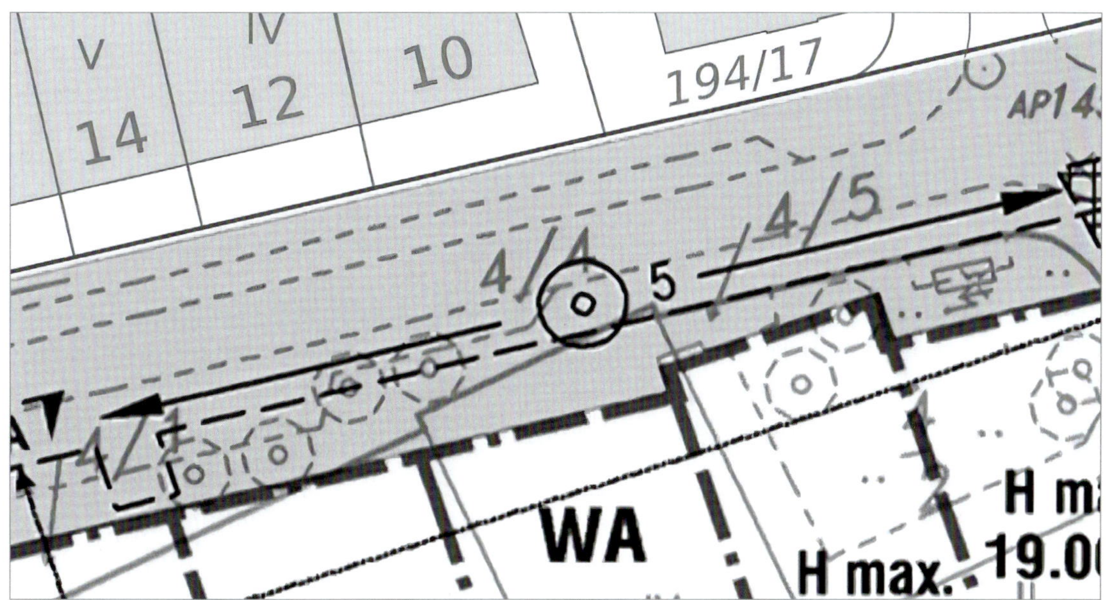

Abb. 11: Festsetzung einer Baumreihe – Auszug aus dem Bebauungsplan Nr. 852 – Textorstraße/Textorhaus der Stadt Frankfurt am Main.

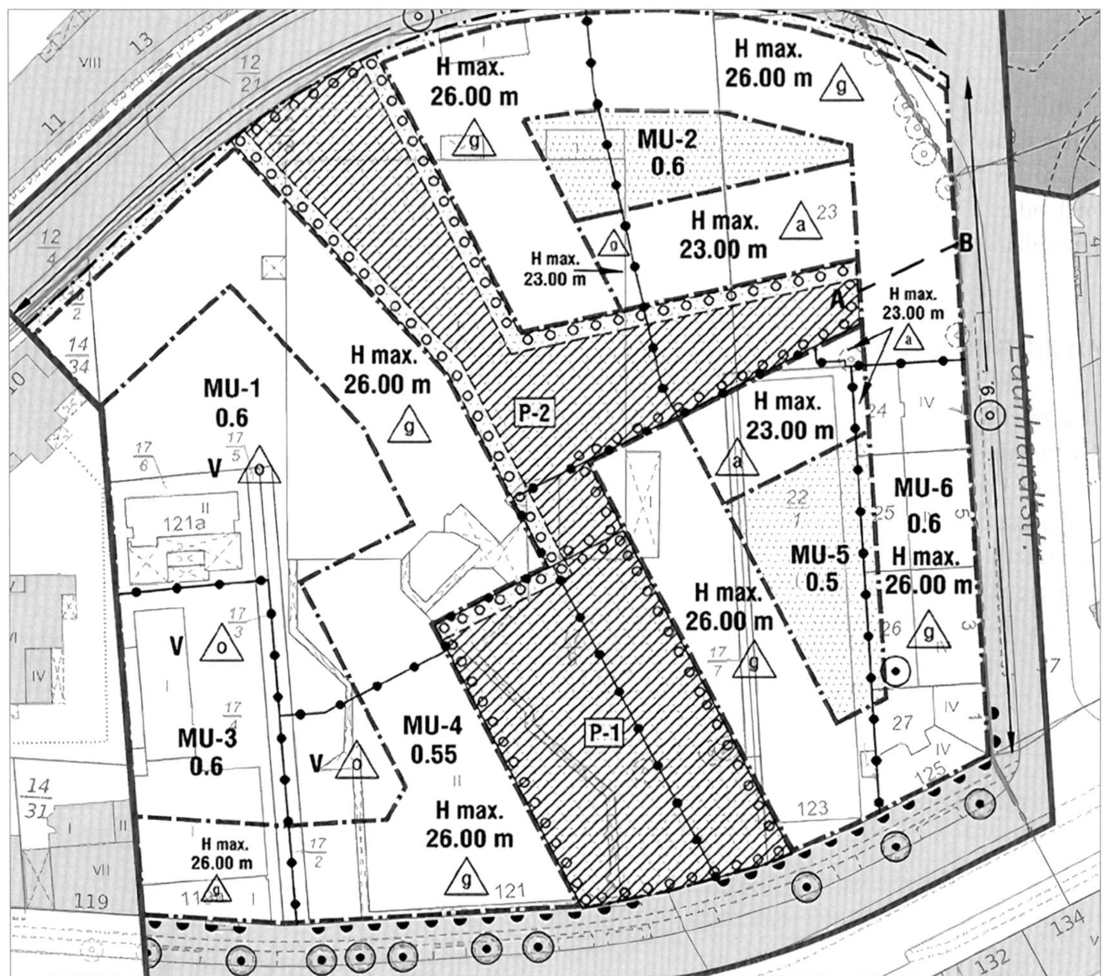

Abb. 12: Auszug aus dem Bebauungsplan Nr. 925 – Hanauer Landstraße/westlich Launhardtstraße.

Unproblematisch sind zeichnerische Festsetzungen von Anpflanzungspflichten auch auf öffentlich zugänglichen und unbebauten Flächen wie öffentlichen Grünflächen (§ 9 Abs. 1 Nr. 15 BauGB) oder auf Ausgleichsflächen (§ 9 Abs. 1 Nr. 20 BauGB). Innerhalb von Baufenstern können sich Anpflanzungspflichten indes erheblich auf die Bebaubarkeit auswirken, da sie die Bebauungs- und Nutzungsmöglichkeiten vor allem bei kleineren Grundstücken wegen der festgelegten Pflanzstandorte erheblich einschränken würden.

Sämtliche Einzelheiten des Pflanzgebots lassen sich durch zeichnerische Festsetzungen nicht regeln. Insbesondere Vorgaben an Baumart oder -sorte erfordern eine Kombination mit textlichen Festsetzungen. Dazu kann auf die Festsetzungstechnik der nachfolgenden Beispiele zurückgegriffen werden.

4.1.3 Textliche Festsetzungen

Für Baugrundstücke eignen sich besonders textliche Festsetzungen, die dann auch für das gesamte Plangebiet oder für einzelne Baugebiete gelten können. Die Anzahl der anzupflanzenden Bäume wird dabei entweder in Bezug auf die Anzahl der zu pflanzenden Bäume relativ (ein Baum je angefangener Grundstücksfläche in m^2) oder absolut durch eine konkrete Anzahl anzupflanzender Bäume festgesetzt.

4.1.3.1 Relative Festsetzungen

Die relativen Festsetzungen gelten abstrakt für Grundstücksflächen und gelegentlich auch für private Verkehrsflächen. Anhand der nachfolgenden Beispiele ist erkennbar, dass sich diese Festsetzungstechnik für diverse Baugebietstypen eignet. Die Formulierungen können unabhängig vom Baugebietstyp getroffen werden:

- *„Je angefangene 750 m² Grundstücksfläche ist mindestens ein mittel- bis großkroniger standortgerechter Laubbaum zu pflanzen."* (Bebauungsplan Nr. 799Ä – Honsellstraße der Stadt Frankfurt am Main, textliche Festsetzung Nr. 10.)
- *„Je 400 m² angefangene Grundstücksfläche ist ein Baum aus den Arten der Pflanzliste 1 zu pflanzen."* (Bebauungsplan Nr. 75 – Stadterweiterung Nord-West – Hof Klute der Stadt Coesfeld, textliche Festsetzung N. 1.8.1.)
- *„Auf jedem Baugrundstück sind je angefangene 500 m² Grundstücksfläche mindestens 1 Obstbaum anzupflanzen und dauerhaft zu erhalten."* (Bebauungsplan Nr. 109 – Dillenweg der Stadt Dorsten, textliche Festsetzung Nr. 15.)

Danach ist für eine bestimmte angefangene Grundstücksfläche jeweils ein Baum anzupflanzen. Das Bundesverwaltungsgericht erachtet diese Festsetzungstechnik, wonach der Bebauungsplan die Zahl der anzupflanzenden Bäume in Abhängigkeit von der Grundstücksfläche vorschreibt, als rechtlich zulässig (BVerwG, Beschl. v. 24.04.1991, 4 NB 24/90, NVwZ 1991, 877).

Die Festsetzungen lassen sich auf die nicht überbaubaren Grundstückflächen beschränken. Dies hat den Vorteil, dass mögliche Konflikte zwischen Grundstücksbebauung und Bäumen entschärft werden, indem beiden jeweils eigene Standorte zugewiesen sind:

- *„Je angefangene 200 m² der nicht überbauten Grundstücksfläche ist mindestens ein großer oder mittelgroßer Baum zu pflanzen."* (Bebauungsplan Nr. 79 – Gewerbegebiet östlich der Mittenheimer Straße der Gemeinde Oberschleißheim.)
- *„In den Kerngebieten MK sind je angefangene 150 m² nicht überbaubarer Grundstücksfläche ein großkroniger, standortgerechter Laubbaum oder zwei kleinkronige, standortgerechte Laubbäume zu pflanzen und zu unterhalten."* (Bebauungsplan Nr. 702Ä – Bankenviertel der Stadt Frankfurt am Main, textliche Festsetzung Nr. 6.1.)

Allerdings reduziert sich dadurch die Anzahl der zu pflanzenden Bäume je Grundstück nicht unerheblich, weil nicht die gesamte Grundstücksfläche für den Umfang der Anpflanzungspflicht maßgeblich ist. Dennoch kann diese auf nicht überbaubare Grundstücksflächen beschränkte Pflanzpflicht sinnvoll sein. Dadurch lässt sich nämlich vermeiden, dass Pflanzbindungen insbesondere bei kleineren Grundstücken zu viel Fläche beanspruchen und somit einer sinnvollen Bebaubarkeit von Grundstücken unverhältnismäßig entgegenstehen.

Letztlich obliegt es der planenden Gemeinde im Rahmen ihrer kommunalen Planungshoheit zu entscheiden, ob sie die Anpflanzungspflicht beschränkt. Dadurch wird die Durchgrünung zwar weniger gefördert, im Gegenzug berücksichtigt die Planung aber stärker die privaten Interessen an einer freien Gestaltung des Grundstücks, wodurch sich rechtliche Risiken reduzieren.

Für Verkehrsflächen eignen sich relative Festsetzungen ebenfalls:

- *„Auf den privaten Verkehrsflächen besonderer Zweckbestimmung „Stadtplatz" ist je angefangene 200 m² Platzfläche mindestens ein hochstämmiger Solitär-Laubbaum mit einem Stammumfang von mindestens 18/20 cm anzupflanzen."* (Bebauungsplan Nr. 851Ä – Gateway Gardens der Stadt Frankfurt am Main, textliche Festsetzung Nr. 11.1.)

Auch bei Verkehrsflächen hängt die Anzahl der anzupflanzenden Bäume von der Größe der betroffenen Fläche ab.

Relative Festsetzungen sind auch für Stellplatzflächen möglich. Die Orientierungsgröße ist dann die Stellplatzanzahl:

- *„Auf privaten Pkw-Stellplatzanlagen ist pro 5 Stellplätzen ein standortgerechter, mindestens mittelkroniger Laubbaum, in der Pflanzgüte von mindestens Stammumfang 18–20 cm, anzupflanzen; die Bäume sind über die Stellplatzanlage verteilt anzupflanzen; die Baumbeete müssen mindestens 1,5 m x 1,5 m groß und begrünt sein, sie sind mit einem Anfahrschutz zu versehen. Diese Anpflanzungen sind dauerhaft zu erhalten; ausfallende Bäume sind entsprechend nachzupflanzen."* (Bebauungsplan 04/06 – Schönscheidtstraße / Am Zehnthof / Eckenbergstraße der Stadt Essen, textliche Festsetzung Nr. 2.1.1.)

Kritisch sind textliche Festsetzungen zu beurteilen, die vorgeben, dass ein durch die Festsetzung bestimmter Anteil der Grundstücksfläche (zum Beispiel 10 Prozent) mit Bäumen zu bepflanzen ist. Eine solche Festsetzung bedarf weiterer Vorgaben vor allem dazu, wie die bestockte Fläche zu ermitteln ist; beispielsweise durch Regelungen zur Pflanzdichte. Anderenfalls droht die Festsetzung gegen das Bestimmtheitsgebot zu verstoßen. Bei einer an der Grundstücksgröße orientierten Festsetzung ist daher die Variante, die die Anzahl der zu pflanzenden Bäume eindeutig vorgibt, vorzuziehen.

4.1.3.2 Absolute Festsetzungen

Die absoluten Festsetzungen gelten immer für eine im Bebauungsplan räumlich fest definierte Fläche und nicht für eine Vielzahl von Grundstücken, deren Größe und Zuschnitt sich fortlaufend ändern kann. Die Fläche ist im Bebauungsplan zeichnerisch festzulegen, die Anpflanzungspflicht ist dann textlich:

- *„In der privaten Grünfläche – Sport – sind mindestens 300 standortgerechte Laubbäume anzupflanzen."* (Bebauungsplan Nr. 916 – Sport-Akademie, textliche Festsetzung Nr. 7.2.)
- *„Innerhalb der Verkehrsflächen besonderer Zweckbestimmung: Fuß-/Radweg beziehungsweise Mischverkehrsfläche sind mindestens 45 Laubbäume gemäß Ziffer 5.3 zu pflanzen."* (Bebauungsplan Nr. 569 – Senckenberganlage/Bockenheimer Warte der Stadt Frankfurt am Main, textliche Festsetzung Nr. 5.6.)

Denkbar, aber rechtlich sehr bedenklich sind absolute Festsetzungen auch für Baugrundstücke:

- *„Je Baugrundstück sind mindestens zwei Bäume zu pflanzen und dauerhaft zu erhalten."* (Bebauungsplan Großkuchener Straße der Stadt Heidenheim, textliche Festsetzung Nr. 1.5.1.)

Für Baugrundstücke ist eine solche Festsetzung mit einer festgelegten Mindestanzahl anzupflanzender Bäume nicht sinnvoll, weil im Bebauungsplan über den Zuschnitt und die Größe der Baugrundstücke keine Aussage getroffen wird. Grundstücke können sich durch Teilungen weiter verkleinern und schlechterdings können sie zu klein für Baumpflanzungen im vorgegebenen Umfang sein. Die Festsetzung würde daher vor allem bei kleinen Grundstücken Gefahr laufen, dass die Baumdichte die Bebaubarkeit erheblich erschwert oder sogar verhindert. Die Eigentümer kleinerer Grundstücke könnten somit unverhältnismäßig belastet und ungerechtfertigt benachteiligt werden, wodurch der Bebauungsplan im Ergebnis unter einem Abwägungsmangel leiden würde.

4.1.3.3 Pflanzvorgaben

In den textlichen Festsetzungen kann die planende Gemeinde das Pflanzgebot detailliert ausgestalten. Die zuvor zitierten textlichen Festsetzungen geben dementsprechend auch Näheres zu den anzupflanzenden Bäumen vor. Danach sind meistens standortgerechte Laubbäume zu pflanzen.

4.1.3.3.1 Baumauswahl

Die Forderung nach standortgerechten Bäumen genügt nach obergerichtlicher Auffassung den Anforderungen des Bestimmtheitsgebots (OVG Lüneburg, Urt. v. 30.03.2000, 1 K 5637/98, NuR 2000, 588); in aktuellen Entscheidungen wird dieser Punkt gar nicht mehr diskutiert.

Die Festsetzungen können zusätzlich bestimmen, dass die standortgerechten Bäume auch einheimisch sein müssen:

- *„Für die im Bebauungsplan als Baum festgesetzten Pflanzgebote sind standortgerechte, einheimische Obstbaum- bzw. Laubbaum-Hochstämme zu verwenden.“* (Bebauungsplan Im Hardt der Gemeinde Möllingen, textliche Festsetzung Nr. 7.3.)

Für die Zukunft ist zu überlegen, ob die Einschränkung auf einheimische Bäume sinnvoll ist, weil der Klimawandel eine Anpassung der Baumart an die veränderten klimatischen Herausforderungen verlangt. Einige einheimische Bäume sind den veränderten und verschärften Anforderungen nicht mehr gewachsen und gelten deswegen als nicht zukunftsfähig. Entscheidend ist deshalb, dass die Bäume in dem Sinne standortgerecht sind, dass sie sich unter veränderten Standortbedingungen entwickeln können.

Die Baumauswahl lässt sich auch durch Pflanzlisten steuern, die zwar rechtlich unbedenklich sind (OVG Lüneburg, Urt. v. 30.03.2000, 1 K 5637/98, NuR 2000, 588). Aber auch hier gilt, dass mit ihnen nicht auf die Dynamik der Forschung zu Klimabäumen reagiert werden kann. Eine Anpassung der Pflanzliste würde jedes Mal eine umständliche Änderung des Bebauungsplans erfordern. Alternativ lässt sich über eine Befreiung (§ 31 Abs. 2, 3 BauGB) die Pflanzung anderer Bäume erlauben. In lokalen Baumlisten, die fortlaufend überarbeitet werden können, lassen sich Empfehlungen für geeignete Baumarten aussprechen. Durch Hinweise in Bebauungsplänen können solche Baumlisten einbezogen werden (Vornholt, NVwZ 2023, 705).

Im Übrigen sind negative Pflanzlisten, mit denen der Plangeber lediglich bestimmte Bäume im Bebauungsplangebiet ausschließt, als reine Negativplanung nicht mit § 9 Abs. 1 Nr. 25 lit. a) BauGB vereinbar und unzulässig (VGH München, Urt. v. 23.04.2013, 1 N 10.1241, NVwZ-RR 2013, 715).

4.1.3.3.2 Pflanzgrube und Baumscheibe

Unerlässlich ist auch, dass Wurzeln genügend Raum bleibt, damit sich das Wurzelsystem ausbilden kann. Dies kann durch die Festsetzung des durchwurzelbaren Raums und einer ausreichend großen Pflanzgrube unterstützt werden:

- *„Zur Sicherstellung des Pflanzraums ist bei Vegetationsflächen folgender Oberbodenbedarf vorzusehen: Bäume: Baumgruben 150 cm x 150 cm x 60 cm.“* (Bebauungsplan Obere Promenade der Stadt Donauwörth, textliche Festsetzung Nr. 1.)

- *„Pro Baum ist ein spartenfreier, durchwurzelbarer Pflanzraum von mind. 13 m³ vorzusehen. Die Baumgrube muss eine Mindesttiefe von 1,5 m und die offene Bodenfläche von mind. 2 m² besitzen. Die Baumscheiben sind mit standortgerechten bodendeckenden Stauden oder Gräsern anzupflanzen.“* (Bebauungsplan Nr. 38 – Gewerbegebiet bei Winden, östlich der A9 des Markt Reichertshofen, textliche Festsetzung Nr. 8.3.7.)

Im Bebauungsplan lässt sich auch die Größe der Baumscheibe festsetzen:

- *„Die unversiegelte Baumscheibe ist in einer Mindestgröße von 2 m x 2 m auszuführen.“* (Bebauungsplan Nr. B-Is 01 – Im Semsenfleck und am Vogelherde/Im Kessel der Stadt Jena, textliche Festsetzung Nr. 15.1.)

Solche Festsetzungen sind bislang noch eher selten. So sinnvoll sie sind, muss gleichzeitig auch darauf geachtet werden, dass Bebauungspläne nicht durch zu kleinteilige Detailregelungen überfrachtet werden.

4.2 Örtliche Bauvorschriften (Freiflächengestaltungssatzungen)

Örtliche Bauvorschriften sind als Instrument des Baumschutzrechts bislang zu Unrecht wenig beachtet worden. Die Praxis zahlreicher Städte und Gemeinden zeigt jedoch, dass sich dies ändert.

Städte und Gemeinden können örtliche Bauvorschriften isoliert als eigenständige Satzung erlassen oder gemäß § 9 Abs. 4 BauGB in Verbindung mit der jeweiligen Landesbauordnung in Bebauungspläne integrieren. Solche integrierten örtlichen Bauvorschriften gelten nur für das Satzungsgebiet des Bebauungsplans, während isolierte örtliche Bauvorschriften das gesamte Gemeindegebiet erfassen können.

Da die Gemeinden nach § 9 Abs. 1 Nr. 25 BauGB sehr weitreichende baumschützende Festsetzungen treffen können, ist es wenig sinnvoll, baumschützende Festsetzungen als integrierte örtliche Bauvorschrift in den Bebauungsplan aufzunehmen.

Die baumschützenden Festsetzungen der örtlichen Bauvorschriften regeln den Baumschutz für bestimmte Grundstücksflächen und ihre Nutzung. Mit Ausnahme der bayerischen Bauordnung, die in Art. 81 Abs. 1 Nr. 7 BayBO zu Festsetzungen über den Erhalt von Baumbeständen ermächtigt, erlauben die Landesbauordnungen der übrigen Flächenländer nur Festsetzungen über die Bepflanzung bzw. Begrünung und somit über Anpflanzungspflichten. Mit den Anpflanzungspflichten lässt sich vor allem die Bepflanzung der bauordnungsrechtlich definierten Grundstücksfreiflächen, aber auch auf anderen Flächen wie Kinderspielplätzen und Stellplätzen regeln.

Örtliche Bauvorschriften können trotz ihrer eingeschränkten Möglichkeiten beim Erhalt von Baumbeständen ein wesentlicher Baustein des kommunalen Baumschutzes sein, da sie zu Baumanpflanzungen verpflichten können.

Einen ausdrücklichen Baumbezug weist nur § 88 Abs. 1 Nr. 7 Alt. 2 LBauO RP auf, wonach die Gemeinden in örtlichen Bauvorschriften Festsetzungen über die Anpflanzung von Bäumen und Sträuchern erlassen können. In den übrigen Bundesländern mit Ausnahme von Berlin und Hamburg verbergen sich die baumschutzrechtlichen Potentiale in den Begrünungs- und Gestaltungsmöglichkeiten von Flächen und Anlagen. Länderübergreifend haben sich drei Gruppen von Festsetzungsmöglichkeiten für Anpflanzungspflichten in örtlichen Bauvorschriften etabliert:

1. Anpflanzungen auf Grundstücksfreiflächen

2. Stellplatzgestaltung durch Bäume

3. Anpflanzungen auf Flächen mit spezieller Nutzung (zum Beispiel Spielplätze, Campingplätze)

Wie Baumschutzsatzungen können auch örtliche Bauvorschriften für das gesamte Gemeindegebiet gelten, während sich baumschutzrechtliche Festsetzungen in Bebauungsplänen auf das jeweilige Plangebiet beschränken. Allerdings gelten örtliche Bauvorschriften nur für Grundstücksfreiflächen und somit ausschließlich für bebaute Grundstücke. Durch Festsetzungen, die zu Baumpflanzungen auf Grundstücksfreiflächen verpflichten, lässt sich die Durchgrünung auf bebauten Grundstücken dennoch beachtlich erhöhen.

Vor allem im besiedelten und urbanen Raum können sich Baumschutzsatzungen und örtliche Bauvorschriften im Sinne des lokalen Baumschutzes gegenseitig ergänzen. Dies wird besonders bei Nachverdichtungen in Ballungsräumen und Metropolen mit Wohnungsmangel deutlich. § 34 BauGB bildet dort oft umfangreich den städtebaulichen Rechtsrahmen. Dies verkürzt wegen des weiten Spielraums der Bauaufsichtsbehörden zwar den Weg zur Baugenehmigung für dringend benötigten Wohnraum. Durch den Verzicht auf die zeitintensive Aufstellung eines Bebauungsplans bleiben die baumschutzrechtlichen Möglichkeiten des Bauplanungsrechts im Gegenzug allerdings auf der Strecke. Mit örtlichen Bauvorschriften lässt sich diese Lücke ein Stück weit schließen, wenn hierin Anpflanzungspflichten für Grundstücksfreiflächen, Stellplätze und andere Flächen stadtweit festgesetzt werden. In Kombination mit einer Baumschutzsatzung sind dadurch Bestandsbäume umfangreich geschützt und die örtlichen Bauvorschriften tragen zu einer stärkeren Durchgrünung bei.

Dieses baumschutzrechtliche Potential haben mittlerweile zahlreiche Städte und Gemeinden erkannt. Vorreiter scheinen hier die bayerischen Städte zu sein, gleichwohl erlassen bundesweit immer mehr Kommunen entsprechende Satzungen. Mit diesen häufig als Freiraumsatzung oder Freiflächengestaltungssatzung bezeichneten kommunalen Regelwerken, lässt sich die Durchgrünung urbaner Räume insgesamt steigern. Baumpflanzungen sind nur ein wichtiger Aspekt und Regelungsgegenstand.

4.2.1 Anpflanzungspflicht auf Grundstücksfreiflächen

Die Anpflanzungspflichten örtlicher Bauvorschriften beschränken sich auf textliche Gebote. Zeichnerische Möglichkeiten wie bei Bebauungsplänen gibt es daneben nicht, da es sich nicht um Planwerke handelt. Die Festsetzungstechnik ähnelt den textlichen Festsetzungen der Bebauungspläne:

- *„Je angefangene 200 m² der nicht mit oberirdischen Gebäuden überbauten Grundstücksfläche ist mindestens ein Baum 2. Ordnung mit mindestens 18/20 cm Stammumfang gemessen in 1 m Höhe zu pflanzen."* (§ 4 Abs. 4 S. 1 Begrünungs- und Gestaltungssatzung Mainz.)

- *„Je angefangene 200 qm der Grundstücksfreiflächen ist mindestens ein standortgerechter mittel- oder großkroniger Laubbaum mit einem Stammumfang von mindestens 14 cm – gemessen in 1 m Höhe – mit Bodenanschluss zu pflanzen. Dies gilt jedoch erst ab einer Grundstücksfreifläche von 50 qm. Vorhandene Bäume werden angerechnet."* (§ 4 Abs. 2 Freiraumsatzung Frankfurt am Main.)

Die Regelungen der Regensburger Freiflächengestaltungssatzung ist etwas detaillierter, aber auch umständlicher:

- *„Die nicht überbauten Flächen einschließlich der unterbauten Freiflächen der bebauten Grundstücke sind unter Berücksichtigung vorhandener Gehölzbestände vollständig zu begrünen und mit Bäumen und Sträuchern zu bepflanzen, soweit diese Flächen nicht für eine andere zulässige Nutzung benötigt werden. Es sind standortgerechte Gehölze zu verwenden. Dabei ist pro voller 300 m² unbebauter und unterbauter Fläche mindestens ein Baum erster Wuchsordnung oder pro voller 200 m² unbebauter und unterbauter Fläche mindestens ein Baum zweiter Wuchsordnung zu pflanzen."* (§ 3 Abs. 1 Freiflächengestaltungssatzung Regensburg.)

Diese Regelungen beruhen auf den jeweiligen Ermächtigungsgrundlagen der Landesbauordnungen. Der Unterschied zu den Bebauungsplänen besteht in der von der Festsetzung betroffenen Fläche. Die bauplanungsrechtlichen Anpflanzungspflichten beziehen sich nicht auf die bauordnungsrechtlich definierte Grundstücksfreifläche, sondern stellen auf die Grundstücksgröße oder auf die Größe der – bauplanungsrechtlich definierten – nicht überbaubaren Grundstücksfläche ab.

Die Ähnlichkeit der Regelungen wirft die Frage auf, ob örtliche Bauvorschriften Regelungen enthalten dürfen, die so ähnlich auch Bebauungspläne treffen können. Diese Ähnlichkeit der Festsetzungen ist aus Sicht des Bundesverwaltungsgerichts zulässig. Das Bundesverwaltungsgericht erkennt an, dass örtliche Bauvorschriften und Bebauungspläne nebeneinander ähnliche gestalterische Festsetzungen treffen dürfen. Einen generellen Vorrang bauplanungsrechtlicher Festsetzungen lehnt es indes ab (BVerwG, Beschl. v. 29.08.2017, 4 B 30.17, BeckRS 2017, 125554).

Die Möglichkeiten des Bauordnungsrechts und somit der örtlichen Bauvorschriften enden dort, wo die Festsetzungen unmittelbar die Nutzung von Grund und Boden regeln. Dies ist beispielsweise der Fall, wenn örtliche Bauvorschriften unter dem Deckmantel gestalterischer Festsetzungen die Überbaubarkeit von Grundstücksflächen und somit die Nutzung von Grund und Boden regeln (Art der baulichen Nutzung). Insbesondere bei Regelungen örtlicher Bauvorschriften über die Zulässigkeit von Stellplätzen in Vorgärten kann dies zu Abgrenzungs- und Rechtmäßigkeitsproblemen führen. Bei Anpflanzungspflichten örtlicher Bauvorschriften tritt dieses Problem hingegen nicht auf, da sie ausschließlich die Grundstücksgestaltung und nicht die Art der zulässigen Nutzung regeln (BVerwG, Urt. v. 11.10.2007, 4 C 8/06, NVwZ 2008, 311).

Allerdings besteht die Gefahr, dass für Grundstücke sowohl die Anpflanzungspflichten nach Bebauungsplänen als auch nach örtlichen Bauvorschriften gelten. Dies erfordert, dass das Verhältnis der Satzungen und ihrer Anpflanzungspflichten zueinander geregelt wird. Das Bundesverwaltungsgericht hat sich nicht damit befasst, wie solche Doppelungen gelöst werden können. Die Satzungen sind gleichrangig zueinander, sodass kein automatischer Vorrang besteht.

Die Praxis zeigt, dass sich das Problem einfach durch die Satzungen selbst lösen lässt:

- *„Festsetzungen in rechtsverbindlichen Bebauungsplänen, in Vorhaben- und Erschließungsplänen sowie in anderen städtebaulichen Satzungen nach dem Baugesetzbuch (BauGB) und dem Maßnahmengesetz zum Baugesetzbuch (BauBGMaßnahmenG), die abweichende Regelungen treffen, gehen dieser Satzung vor.“* (§ 7 S. 1 Freiflächengestaltungssatzung München; gleichlautend auch § 8 Freiflächengestaltungssatzung Kaiserslautern.)

- *„Festsetzungen in rechtsverbindlichen Bebauungsplänen sowie in Vorhaben- und Erschließungsplänen und städtebaulichen Satzungen nach dem BauGB, die abweichende Regelungen treffen, gehen dieser Satzung vor.“* (§ 6 Abs. 1 Freiflächengestaltungssatzung Pullach.)

4.2.2 Anpflanzungspflicht auf anderen Flächen

Die Anpflanzungspflichten müssen nicht auf Grundstücksfreiflächen beschränkt sein. Sie lassen sich nach Maßgabe der Landesbauordnung auch auf andere Flächen wie Spielplätze oder Stellplatzanlagen erweitern. Dort können sie vor allem als Schattenspender wertvoll sein:

- *„Zur Schattenspendung ist pro voller 60 m² Spielplatzfläche mindestens ein bevorzugt heimischer, standortgerechter und ausreichend hitze- und trockenheitstoleranter Baum I. oder II. Wuchsordnung (mind. Stammumfang 18–20 cm) zu pflanzen.“* (§ 6 Abs. 4 S. 2 Freiflächengestaltungssatzung Würzburg.)

Bei Spielplätzen sind Sicherheitsaspekte besonders sensibel zu berücksichtigen, insbesondere im Lichte der Verkehrssicherungspflichten für Bäume dort (AG Augsburg, Urt. v. 25.09.2023, 401 Js 139 144/21(2)). Dem lässt sich in den Regelungen Rechnung tragen:

- *„Kinderspielplätze sind mit Sträuchern zu begrünen. Es sind geeignete, standortgerechte Bäume zu pflanzen. Die Bepflanzungen dürfen keine Gefahr in sich bergen und keine giftigen Gehölze gem. DIN 18034 enthalten.“* (§ 5 Abs. 2 Freiflächengestaltungssatzung Bayreuth.)

Für Stellplatzanlagen lassen sich ebenfalls Anpflanzungspflichten vorschreiben:

- *„Nicht überdachte Stellplätze mit zwei und mehr offenen Stellplätzen sind mit Bäumen zu versehen. Je angefangene 150 m² Stellplatzanlage (Stellplätze und deren Erschließungsflächen) ist zusätzlich zu sonstigen Pflanzverpflichtungen ein Laubbaum mit mindestens einem Stammumfang von 18 cm innerhalb der Stellplatzanlage zu pflanzen.“* (§ 4 Abs. 1 Freiflächengestaltungssatzung Saarlouis.)

Es liegt in der Natur der Sache, dass Stellplätze wegen ihres hohen Versiegelungsgrads sowie wegen der Risiken des Verkehrs keine optimalen Standorte für Bäume sind. Deswegen sind weitere Regelungen etwa zu Baumscheiben sinnvoll:

- *„Offene Stellplätze sind mit Bäumen zu überstellen und einzugrünen sowie mit wasserdurchlässigen Belägen zu versehen. Dabei ist für je 5 Stellplätze ein Laubbaum mit einem Mindeststammumfang von 16/18 cm zu pflanzen. Bereits bei einer Überschreitung der An-*

zahl von 5, 10, 15 usw. Stellplätzen auch nur um mindestens einen weiteren Stellplatz entsteht die Pflicht zur Pflanzung eines weiteren Laubbaumes (d. h. ab 6 Stellplätzen 2 Bäume, ab 11 Stellplätze 3 Bäume usw.). Die Baumscheibe hat dabei mindestens der Größe eines Stellplatzes zu entsprechen." (§ 5 Abs. 2 Freiflächengestaltungssatzung Ingolstadt.)

Regelungen über die Pflanzgrube sind analog zu entsprechenden Festsetzungen in Bebauungsplänen auch in örtlichen Bauvorschriften möglich.

5 Baumschutzvorschriften in rechtlichen Konflikten

Baumschutzvorschriften kollidieren zwangsläufig mit anderen Regelungen und Interessen. Ein häufiger Zankapfel ist die Vereinbarkeit mit dem Eigentumsrecht in seinen verschiedenen Ausprägungen. Die meisten baumschutzrechtlichen Verfahren und Streitigkeiten drehen sich darum, dass ein Grundstückseigentümer Maßnahmen an geschützten Bäumen durchführen kann. Als Eigentümer steht es ihm grundsätzlich zu, mit seinem Eigentum frei zu verfahren. Rechtliche Einschränkungen werden oft nur ungern hingenommen. Allerdings ist mittlerweile durch sämtliche Instanzen der Verwaltungsgerichtsbarkeit geklärt, dass baumschutzrechtliche Vorschriften nur in seltenen Fällen das grundgesetzlich geschützte Eigentum rechtswidrig einschränken. Auf kritische Fälle wurde durch Ausnahme- und Befreiungsregelungen reagiert, die den Konflikt mit dem Eigentumsrecht weitgehend entschärft haben. Maßgebliches Kriterium ist bei Konflikten mit dem Eigentum, dass eine vernünftige Grundstücksnutzung verbleibt.

Kollisionen baumschutzrechtlicher Vorschriften mit den Verkehrssicherungspflichten sowie mit Ansprüchen und Rechten aus dem Nachbarrecht gehört ebenfalls zum übergeordneten Bereich des Konflikts mit dem Eigentumsrecht. Denn in diesen Fällen wird dem Baumeigentümer oder einem Nachbarn verwehrt mit seinem Eigentum frei zu verfahren bzw. sein Eigentum vor Störungen durch Nachbarbäume zu schützen. Baumschutzrechtliche Vorschriften haben hierbei häufig eine Sperrwirkung gegenüber individuellen Rechtspositionen. Für beide Fallgruppe hat die Rechtsprechung mittlerweile zahlreiche Lösungen entwickelt.

Bei Bäumen in Gartendenkmälern können die Interessen von Denkmalschutz und Baumschutz kollidieren. Da hierbei häufig auf allen Seiten nur Behörden und keine Privaten beteiligt sind, lassen sich Probleme durch Abstimmungen zwischen den Behörden lösen. Normative Lösungen sind eher die Ausnahme.

5.1 Eigentumsrecht

Wenn es um die Einführung oder um die Auswirkungen von Baumschutzvorschriften geht, ist schnell der Einwand zu hören, dass damit Eigentumsrechte unzulässig beeinträchtigt würden. Manchmal wird auch von Enteignungen gesprochen. Dies sind mittlerweile primär politische Diskussionen. Rechtlich ist die eigentumsrechtliche Unbedenklichkeit von Baumschutzvorschriften weitgehend geklärt. Dies gilt sowohl für die naturschutzrechtlichen Vorschriften als auch für die des öffentlichen Baurechts.

Dominant sind und waren in der Diskussion Baumschutzsatzungen. In den kommunalpolitischen Diskussionen ist häufig zu hören, dass die Verbote die Eigentumsfreiheit des einzelnen Grundstückseigentümers unzulässig beeinträchtigen würde. Dieses Argument ist aus rechtlicher Sicht nicht belastbar und allenfalls in Einzelfällen kann es zu solchen Beeinträchtigungen des Eigentumsrechts kommen. Mit den Ausnahmetatbeständen in Baumschutzsatzungen sowie durch die Befreiungsmöglichkeiten ist für die allermeisten Fälle ein ausreichender Ausgleich zwischen Eigentumsrecht und Baumschutz geschaffen worden.

Das öffentliche Baurecht und insbesondere die Bebauungspläne hat diese Diskussion bislang noch nicht erreicht. Hier besteht ein Risiko nur dann, wenn auf bebaubaren Flächen durch den Baumschutz die Bebaubarkeit faktisch verhindert wird. In solchen Fällen können Bebauungspläne durchaus fehlerhaft sein. Solche Fälle gibt es, sie sind aber selten. Durch Befreiungen lassen sich jedoch häufig pragmatische Lösungen finden, ohne das der Bebauungsplan insgesamt und somit auch andere baumschützende Festsetzungen angreifbar werden.

5.1.1 Baumschutzsatzungen

Baumschutzsatzungen und andere naturschutzrechtliche Baumschutzvorschriften schränken die Eigentümerbefugnisse bei der Grundstücksnutzung zugunsten des Umwelt- und Naturschutzes ein. Dabei handelt es sich um Inhalt- und Schrankenbestimmungen des Eigentums gemäß Art. 14 Abs. 1 S. 2 GG. Die baumschutzrechtlichen Verbote, auf die baumschutzrechtliche Vorschriften des Naturschutzrechts beschränkt sind, sind Ausdruck der Situationsgebundenheit des Grundeigentums und daher in der Regel rechtlich unbedenklich und entschädigungslos hinzunehmen (BVerwG, Urt. v. 29.11.2018, 4 CN 12/17, NVwZ 2019, 1047).

Die in Gerichtsverfahren gelegentlich vorgetragene Auffassung, dass baumschutzrechtliche Verbote, insbesondere solche von Baumschutzsatzungen, enteignend seien, trifft nicht zu. Dies wurde zwar tatsächlich in den 1980er Jahren diskutiert (Steinberg, NJW 1981, 550).

Das Bundesverfassungsgericht hat jedoch schon vor einigen Jahren klargestellt, dass eine Enteignung nur dann vorliegt, wenn das Eigentumsrecht durch einen hoheitlichen Rechtsakt entzogen wird (BVerfG, Beschl. v. 02.03.1999, 1 BvL 7–91, NJW 1999, 2877). Der Eigentümer muss also seine Eigentümerstellung verlieren. Solche Rechtswirkungen haben Baumschutzvorschriften eindeutig nicht. Selbst eine Unbebaubarkeit oder sonstige Unmöglichkeit der sinnvollen Grundstücksnutzung wegen baumschutzrechtlicher Bindungen lässt die Eigentümerstellung unberührt.

Beeinträchtigen baumschutzrechtliche Vorschriften die Privatnützigkeit des Grundeigentums in unzumutbarer Weise, sind sie – wie sonstige naturschutzrechtliche Nutzungsverbote oder -beschränkungen – unverhältnismäßig. Dies kann durchaus dazu führen, dass sie aufzuheben oder nicht mehr anzuwenden sind.

Die Eigentümerbefugnisse sind unverhältnismäßig beeinträchtigt, wenn ein Grundstück wegen Baumerhaltungspflichten nicht mehr wirtschaftlich sinnvoll genutzt werden kann. Maßgebliches Kriterium ist dafür die Bebaubarkeit von Grundstücken (BVerfG, Beschl. v. 09.10.1991, 1 BvR 227/91, NJW 1992, 361). Ist ein Baugrundstück wegen baumschutzrechtlicher Bindungen nicht im Sinne des Bebauungsplans bebaubar oder nutzbar, lässt das regelhaft eine unverhältnismäßige Einschränkung des Eigentumsrechts annehmen.

Allerdings lässt sich aus der Eigentumsgarantie kein Anspruch ableiten, die Grundstücksfläche maximal und wirtschaftlich möglichst rentabel zu bebauen (Bachmann, NJW-Spezial 2020, 556). Maßstab ist der öffentlich-baurechtliche Rahmen der Grundstücksnutzung, insbesondere der Bebauungspläne. Dies bedeutet aber nicht, dass innerhalb eines Baufensters sämtliche Bäume ohne Vorhabenbezug gefällt werden dürfen. Eine Baumfällung kommt nur in Betracht, wenn das Bauvorhaben nicht gleichwertig an anderer Stelle auf dem Baugrundstück realisiert werden kann. Zudem genügt es, wenn die Bäume beseitigt werden, die einem konkreten und zulässigen Bauvorhaben im Wege stehen. Durch die umfangreichen Ausnahmetatbestände der Baumschutzsatzungen ist rechtlich sichergestellt, dass die Privatnützigkeit des Grundeigentums, die zum Kernbereich der Eigentumsgarantie zählt, nicht ausgehöhlt wird, indem der Eigentümer über seine formale Eigentümerstellung hinaus sein Grundeigentum nicht mehr sinnvoll nutzen kann.

5.1.2 Öffentliches Baurecht

Neben den bauleitplanerischen Festsetzungen können auch örtliche Bauvorschriften baumschützend sein. Baumschutzregelungen des öffentlichen Baurechts sind wesensgleich mit denen des Naturschutzrechts und lassen die Eigentümerstellung unangetastet. Auch hierbei handelt es sich um grundsätzlich zulässige Inhalts- und Schrankenbestimmungen.

Bei der Aufstellung von Bebauungsplänen haben Gemeinden und Städte die Eigentumsgarantie als privaten Belang in die Abwägung (§ 1 Abs. 7 BauGB) einzustellen. Dabei sind in der Regel die Auswirkungen der Festsetzungen auf die Bebaubarkeit des Grundstücks zu berücksichtigen. Bei Erhaltungsfestsetzungen drohen rechtliche Stolpersteine im Abwägungsvorgang nicht erst bei der Abwägung im engeren Sinne, sondern schon bei der Ermittlung des Abwägungsmaterials. Beabsichtigt die Gemeinde, Bäume mittels Festsetzungen nach § 9 Abs. 1 Nr. 25 lit. b) BauGB zu schützen, so muss sie die Erhaltenswürdigkeit der Bäume vorab ermitteln. Anderenfalls lassen sich das Erhaltungsinteresse und die Auswirkungen der Erhaltung auf die Grundstücksnutzung nicht ordnungsgemäß abwägen.

Zeichnerisch festgesetzte Anpflanzungspflichten nach § 9 Abs. 1 Nr. 25 lit. a) BauGB betreffen meist nur Straßenbegleitgrün auf meist öffentlichen Verkehrsflächen.

Die Praxis zeigt, dass Festsetzungen nach § 9 Abs. 1 Nr. 25 BauGB nur wenig Potential haben, die Bebaubarkeit und somit die Privatnützigkeit des Grundeigentums unverhältnismäßig zu beeinträchtigen. Dennoch ist es bei einer zu wenig durchdachten textlichen Festsetzung durchaus denkbar, dass sie den Rahmen der hinzunehmenden Sozialbindung des Eigentums überschreiten kann. Ist ein Gebiet wie z. B. in Reihenhaussiedlungen durch kleine Grundstücke geprägt, kann Zurückhaltung bei Anpflanzungspflichten geboten sein, um spätere Konflikte zwischen Baum und Bebauung zu vermeiden. Darüber hinaus sind in solchen Situationen auch Nachbarschaftskonflikte wegen Verschattung und Überwuchs vorgezeichnet. Hier gilt es z. B. bei den Vorgaben zu den anzupflanzenden Bäumen weitsichtig vorzugehen, um spätere Fällungen schon auf planerischer Ebene im Vorwege zu vermeiden.

Nahezu ausschließen lässt sich ein solcher Konflikt mit der Bebaubarkeit, wenn sich die Anpflanzungspflicht nicht an der gesamten Grundstücksfläche orientiert, sondern nur für die nicht überbaubaren Grundstücksfläche gilt. Dies setzt allerdings eine detaillierte Definition der nicht überbaubaren Grundstücksflächen durch Baulinien oder Baugrenzen voraus. Hierdurch lässt sich eine für die Baumpflanzung geeignete und ausreichend dimensionierte nicht überbaubare Grundstücksfläche bestimmen.

Bei örtlichen Bauvorschriften entsteht dieses Problem in der Regel nicht. Denn die Anpflanzungspflichten können auf Baugrundstücken nur für die Grundstücksfreiflächen gelten. Sind diese der Maßstab relativer Anpflanzungspflichten, sind zwangsläufig nur die unbebauten Grundstücksflächen maßgeblich. Eine Anpflanzungspflicht, die die Bebaubarkeit und somit die Privatnützigkeit unverhältnismäßig einschränkt, lässt sich deswegen meist ausschließen.

Für örtliche Bauvorschriften ist deren eigentumsrechtliche Unbedenklichkeit unlängst ausführlich durch das Bayerische Landesverfassungsgericht geklärt worden. Das Gericht befasste sich daneben auch noch mit weiteren Grundrechten und lehnte die Einwände der Kläger sehr deutlich ab (BayVerfGH, Entsch. v. 08.05.2023 – Vf. 27-VII-21, Vf. 49-VII-21, NVwZ-RR 2023, 697; Vornholt NVwZ 2023, 1247).

5.2 Verkehrssicherungspflichten

Die Verkehrssicherungspflichten bei Bäumen sind eine eigene, sehr umfangreiche Materie, die in einem separaten Band darzustellen ist. Die Verkehrssicherungspflichten sind die zivilrechtliche Facette der Gefahren, die von Bäumen ausgehen können. Insbesondere an stark frequentierten Orten sind Baumeigentümer verpflichtet, Bäume auf ihre Verkehrssicherheit zu überprüfen (lassen) und notwendige Sicherungsmaßnahmen vorzunehmen (lassen).

Bei geschützten Bäumen kann eine rechtliche Konfliktlage entstehen, wenn die erforderlichen Maßnahmen genehmigungsbedürftig sind. Der Baumverantwortliche befindet sich dann in einer widersprüchlichen Situation: Zum einen muss er die Bäume erhalten und darf bestimmte Maßnahmen nicht vornehmen. Zum anderen haftet er, wenn erkennbare Gefahren von Bäumen zu einem Schadensereignis führen (Abb. 13).

Ergreift der Verkehrssicherungspflichtige die erforderlichen Sicherungsmaßnahmen nicht, drohen ihm zivilrechtliche Haftungsansprüche und strafrechtliche Sanktionen. Andererseits erfüllt der Verstoß gegen baumschützende Verbote häufig Ordnungswidrigkeitstatbestände. Dieses Spannungsverhältnis gilt es – möglichst praxisgerecht – aufzulösen.

5.2.1 Kein Haftungsübergang wegen Unterschutzstellung

Früher wurde vielfach dafür plädiert, dass die Verkehrssicherungspflicht mit der Unterschutzstellung auf die Behörde übergehen soll, die für die Unterschutzstellung verantwortlich ist (Schneider, VersR 2007, 743). Diese Lösung mag aus Sicht der Verkehrssicherungspflichtigen am attraktivsten sein, hat sich jedoch nicht durchsetzen können.

Grundsätzlich lassen sich Verkehrssicherungspflichten delegieren und übertragen. In der vertraglichen Praxis kommt dies nicht selten vor. Im Sinne des Baumschutzes kann dies sogar sinnvoll sein. Die Stadt Gießen bietet mit ihrer Baumfördersatzung an, die Verkehrssicherungs-

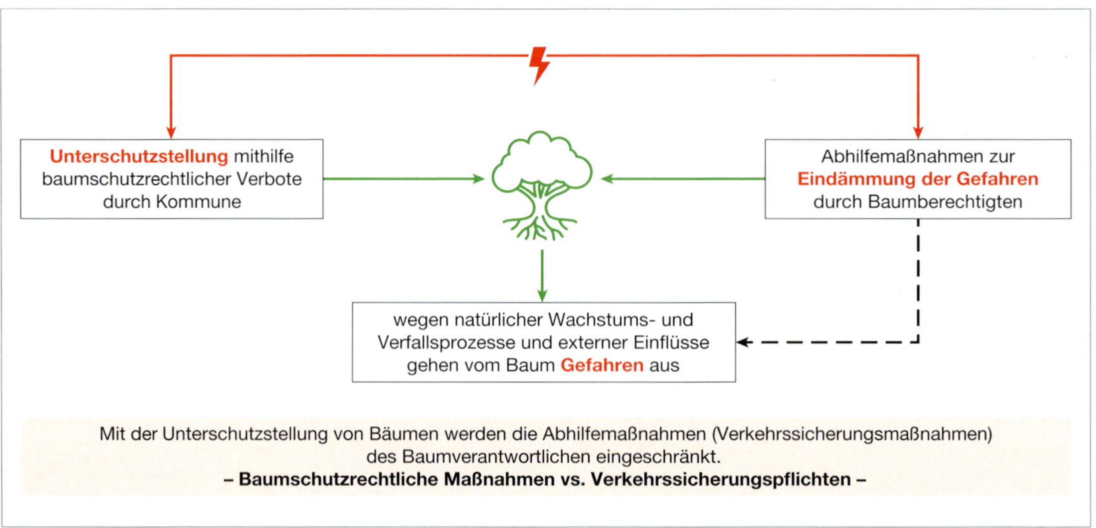

Abb. 13: Konfliktsituation Baumschutz vs. Verkehrssicherungspflicht.

pflichten zu übernehmen, wenn sich Baumeigentümer im Gegenzug zum Baumerhalt verpflichten. Die Angst vor der Haftung für Bäume (z. B. wegen Astbruch) ist häufig Motivation für vorschnelle Baumfällungen. Mit dem Gießener Modell lässt sich dem gegensteuern.

Letztlich kommt es hier aber auch auf eine freiwillige Übernahme der Verkehrssicherungspflicht an. Ein gesetzlich bestimmter Übergang von Verkehrssicherungspflichten bei Bäumen existiert nicht. Dies war allerdings zeitweise umstritten (Otto, NJW 1996, 356; Wedekind/Klein KommJur 2009, 257). Welche Auffassung zutreffend ist, muss nicht mehr entschieden werden. Denn der Streit bezieht sich auf die alte, mittlerweile überholte Rechtslage vor den umfangreichen Novellierungen der Landesnaturschutzgesetze seit 2010.

Die Landesnaturschutzgesetze enthalten nun keine Vorschriften, die ausdrücklich eine Übertragung der Verkehrssicherungspflichten bei geschützten Bäumen auf die Behörde bestimmen. Stattdessen haben einige Bundesländer den umgekehrten Weg eingeschlagen, indem sie in ihren Landesnaturschutzgesetzen mittlerweile klarstellen, dass die Verkehrssicherungspflicht auch bei einer Unterschutzstellung beim Eigentümer verbleibt (§ 21 Abs. 5 S. 2 BremNatSchG; § 14 Abs. 10 S. 2 NatSchAG M-V; § 23 Abs. 3 S. 2 LNatSchG NRW).

Gelegentlich wird auch vertreten, dass die Verkehrssicherungspflicht mit Unterschutzstellung auf die Behörde überginge, weil der Baumeigentümer nicht mehr frei über den Baum verfügen könne. Weil der Baumeigentümer keine Rechte mehr habe, könnten ihm auch keine Pflichten obliegen (OLG Frankfurt am Main, Urt. v. 30.03.1989, 1 U 81/88, NJW 1989, 2824; Breloer, Verkehrssicherungspflicht bei Bäumen, 43). Diese Auffassung überzeugt schon nicht, weil die Rechte des Baumeigentümers zwar eingeschränkt werden, er aber Eigentümer bleibt und nicht vollkommen rechtlos wird.

Das Verwaltungsgericht Ansbach hat sich mit dieser Frage jüngst ausführlich befasst und sich sehr eindeutig gegen einen Haftungsübergang wegen der Unterschutzstellung ausgesprochen:

„Die Verkehrssicherungspflicht ist auch nicht aufgrund der Unterschutzstellung des streitgegenständlichen Grundstücks als geschützter Landschaftsbestandteil auf die Beklagte übergegangen. […] Hierfür spricht schon, dass durch die Unterschutzstellung eines Landschaftsbestandteils keine Gefahrenlage geschaffen wird; sie ist entweder schon vorhanden oder entsteht zukünftig, was der Eigentümer jedoch durch die ihm obliegende Unterhaltungspflicht ganz oder weitgehend verhindern kann. Zwar ist es dem Eigentümer eines geschützten Landschaftsbestandteils aufgrund von § 4 Abs. 1 der Verordnung über geschützte Landschaftsbestandteile […] verboten, die geschützten Landschaftsbestandteile ohne Genehmigung der Beklagten zu entfernen, zu zerstören, zu verändern oder zu beschädigen […] Diese Verbote gelten jedoch nicht absolut, vielmehr können […] Ausnahmen und Befreiungen beansprucht werden. Mithin steht das Verbot, mit dem unter Schutz gestellten Landschaftsbestandteil nach Belieben umzugehen, unter einem Erlaubnisvorbehalt, so dass es – bei Vorliegen der Voraussetzungen – auf Antrag des Grundstückseigentümers ganz oder teilweise aufzuheben ist.“ (VG Ansbach, Urt. v. 31.01.2023, AN 11 K 21.404, BeckRS 2023, 2865)

Das Gericht weist zusätzlich darauf hin, dass es bei akuten Gefahren auch möglich ist, Sicherungsmaßnahmen ohne vorherige Genehmigung vorzunehmen. Insbesondere für Baumschutzsatzungen bietet es sich an, solche zweistufigen Dispens-Regelungen für Verkehrssicherungspflichten zu verwenden.

Formulierungsvorschlag

- Genehmigungsfreistellung:

Nicht verboten sind Maßnahmen zur Abwehr gegenwärtiger Gefahren für Leben, Gesundheit und Sachen.

- Ausnahmetatbestand für verkehrssichernde Maßnahmen:

Ausnahmen von den Verboten dieser Satzung sind zu erteilen, wenn von einem geschützten Baum Gefahren für Personen oder Sachen ausgehen und die Gefahr nicht auf andere Weise und mit zumutbarem Aufwand beseitigt werden kann.

Für Bäume, die durch Bebauungspläne geschützt sind, existieren vergleichbare Regelungen nicht. Zwar können für Maßnahmen im Rahmen der Verkehrssicherungspflichten bei durch Bebauungspläne geschützten Bäumen Befreiungen beantragt werden (§ 31 Abs. 2, 3 BauGB). Allerdings fehlen Regelungen für gegenwärtige Gefahren. Hier wird man im Zweifel aber auf die allgemeinen Rechtfertigungsgründe des Strafgesetzbuchs sowie des Bürgerlichen Gesetzbuchs zurückgreifen können.

5.2.2 Ausnahme: Verweigerte Genehmigung

Es gibt allerdings eine Fallkonstellation, für die eine Haftung der Behörde anerkannt ist. Lehnt die für die Ausnahme oder Befreiung zuständige Behörde zu Unrecht die Genehmigung ab, muss sie wegen einer Amtspflichtverletzung für etwaige Schäden haften. Anderenfalls wäre der Verkehrssicherungspflichtige schutzlos gestellt.

Der Geschädigte hat in solchen Fällen einen direkten Anspruch gegen die Behörde (OLG Hamm, Urt. v. 08.01.1993, 9 U 100/92, NZV 1994, 27). Grundsätzlich kann der Geschädigte daneben auch den Verkehrssicherungspflichtigen in Anspruch nehmen, weil sich die Verantwortung auf die Behörde erweitert und nicht vollständige auf sie übergeht (OLG Düsseldorf, Beschl. v. 25.04.2014, 2 RBs 2/14, NuR 2014, 813). Diesem wird man dann wiederum einen Anspruch im Innenverhältnis gegenüber der Behörde zusprechen müssen.

5.3 Auswirkungen auf das Nachbarschaftsrecht

Der Streit am Gartenzaun ist kein modernes Phänomen, sondern eine rechtshistorische Kontinuität. Schon das Römische Recht enthielt Regelungen zu Bäumen, die auf Nachbargrundstücke herüberragen (Dig. 43.27.0. De arboribus caedendis). Im Bürgerlichen Gesetzbuch finden sich von Anfang an Vorschriften über Überhang und Überwuchs von Bäumen, die sich bis heute nicht wesentlich verändert haben. Die nachbarlichen Ansprüche gelten jedoch nicht uneingeschränkt – auch wenn das mancher Nachbar glauben mag. Vor allem baumschutzrechtliche Vorschriften können Nachbarrechte wirksam einschränken und ihrer Durchsetzung entgegenstehen.

5.3.1 Nachbarrechte und Bäume

Für Bäume im Nachbarverhältnis sind vor allem § 910, § 1004 BGB sowie die Nachbarschaftsgesetze der Bundesländer besonders bedeutsam.

Gemäß § 910 Abs. 1 BGB kann ein Grundstückseigentümer die überwachsenden Wurzeln und überhängenden Zweige sowie Äste eines Nachbarbaums abschneiden und behalten, wenn er den Nachbarn zuvor erfolglos zur

Beseitigung aufgefordert hat. Zudem muss der Überwuchs oder Überhang auch die Benutzung seines Grundstücks beeinträchtigen (§ 910 Abs. 2 BGB), wobei die Beeinträchtigung durch Laub und Blütenstaub überhängender Äste genügt (BGH, Urt. v. 14.06.2019, V ZR 102/18, BeckRS 2019, 23070).

Falls der Rückschnitt die Vitalität des Baums beeinträchtigt, schließt dies nach dem Bundesgerichtshof das Selbsthilferecht nicht aus und schränkt es auch nicht ein (BGH, Urt. v. 11.06.2021, V ZR 234/19, NJW 2021, 2882). Deswegen kommt es nicht darauf an, ob im Zuge der Beseitigung des Überhangs oder des Überwuchses der Baum erheblich beschädigt wird.

Für die Auffassung des Bundesgerichtshofs spricht der Wortlaut der Vorschrift, weil er das Selbsthilferecht nicht ausdrücklich wegen seiner Auswirkungen auf den Baum und seine Vitalität einschränkt. Auch ist es rechtshistorisch nachvollziehbar, weil die ökologischen Auswirkungen beim Inkrafttreten des Bürgerlichen Gesetzbuchs im Jahr 1900 nicht bedacht wurden. Dennoch wird man dieses Ergebnis vor allem auch wegen des mittlerweile im Grundgesetz verankerten Staatsziels des Umweltschutzes (Art. 20a GG) anzweifeln dürfen. Eine Beschränkung des Selbsthilferechts auf unwesentliche oder unerhebliche Beeinträchtigungen ist deswegen überlegenswert, um den Abgang von Bäumen wegen Bagatellfällen zu vermeiden.

Schließlich reicht das Selbsthilferecht zum Rückschnitt nur so weit, wie die Wurzeln, Zweige oder Äste auf das Grundstück herüberragen. Baumfällungen lassen sich nicht auf § 910 BGB stützen.

Neben § 910 BGB steht der Beseitigungsanspruch nach § 1004 Abs. 1 BGB. Die beiden Vorschriften sind nebeneinander anwendbar und schließen sich nicht gegenseitig aus. Dabei ist jedoch zu berücksichtigen, dass für § 1004 Abs. 1 BGB auch § 910 Abs. 2 BGB gilt und der Beseitigungsanspruch entfällt, wenn die Wurzeln oder Zweige die Benutzung des Grundstücks nicht beeinträchtigen. Darüber hinaus kann der Beseitigungsanspruch nach § 1004 Abs. 1 BGB auch verjähren, das Selbsthilferecht gemäß § 910 BGB hingegen nicht (BGH, Urt. v. 22.02.2019, V ZR 136/18, NJW-RR 2019, 590).

§ 1004 Abs. 1 BGB schließt eine Lücke, die § 910 BGB wegen der Beschränkung des Selbsthilferechts auf Wurzeln und Zweige offenlässt. Denn § 910 BGB erlaubt nicht das Zurückschneiden eines überwachsenden Baumstamms.

Art. 124 EGBGB erlaubt den Bundesländern, das Grundeigentum zugunsten der Nachbarn über die Vorschriften des Bürgerlichen Gesetzbuchs hinaus einzuschränken. In ihren Nachbarrechtsgesetzen haben zahlreiche Bundesländer Vorschriften erlassen, die einen Mindestabstand von Bäumen und anderen Gehölzen zu Nachbargrundstücken verlangen.

Die einzuhaltenden Abstände können nach der Baumart oder abhängig von der Baumhöhe variieren (Art. 47 Abs. 1 BayAGBGB, § 38 HessNachbG; § 16 Abs. 1 NachbarRG BW). Wird der Grenzabstand unterschritten, kann der betroffene Nachbar den Rückschnitt oder die Beseitigung des Baums verlangen. Die Ansprüche aus den Nachbarrechtsgesetzen stehen neben denen nach §§ 910, 1004 BGB und können nach Maßgabe der landesrechtlichen Bestimmungen verjähren.

Auf Grundlage von § 906 Abs. 1 BGB können Nachbarn sich auch gegen Baumimmissionen wie Laubfall oder Verschattung wehren. § 923 BGB regelt das rechtliche und tatsächliche Schicksal von Grenzbäumen.

5.3.2 Sperrwirkung von Baumschutzvorschriften

Mittlerweile ist durch den Bundesgerichtshof geklärt, dass Baumschutzvorschriften nachbarrechtlichen Ansprüchen und Rechten entgegenstehen können.

Gemäß Art. 111 EGBGB bleiben landesgesetzliche Vorschriften, die im öffentlichen Interesse das Eigentum in Ansehung tatsächlicher Verfügungen beschränken, unberührt. Landesgesetzliche Vorschriften in diesem Sinne sind auch kommunale Satzungen und somit der Großteil der Baumschutzvorschriften. Dies bedeutet, dass die zivilrechtlichen Nachbarrechte gegen störende Bäume hinter die Baumschutzvorschriften zurücktreten und landesrechtliche Regelungen das Eigentumsrecht allgemein einschränken können. Die Verbote von Baumschutzsatzungen richten sich nicht nur gegen den Baum- und Grundstückseigentümer, sondern gelten im Rahmen des Geltungsbereichs der Satzung für jedermann, weswegen sie auch der durch einen Baum gestörte Nachbar hinnehmen muss (BGH, Urt. v. 11.06.2021, V ZR 234/19, NJW 2021, 2882).

Diese an sich sehr eindeutige Rechtslage bringt jedoch einige Schwierigkeiten mit sich, denn Baumschutzvorschriften und insbesondere baumschutzrechtliche Verbote gelten nicht absolut. Von den Verboten können immer Ausnahmen und Befreiungen beantragt werden. Dies führt dazu, dass solche Nachbarstreitigkeiten eine zivilrechtliche (Nachbarrecht) und eine verwaltungsrechtliche (Baumschutzvorschrift) Komponente haben.

Weil der nachbarrechtliche Anspruch zumindest vorerst durch die Baumschutzvorschrift blockiert ist, kann der gestörte Nachbar seinen Anspruch vor dem Zivilgericht nicht sofort uneingeschränkt durchsetzen. Nach dem Bundesgerichtshof kann der Baumeigentümer nur vorbehaltlich einer baumschutzrechtlichen Genehmigung zum Rückschnitt oder zur Beseitigung verurteilt werden (BGH, Urt. v. 14.06.2019, V ZR 102/18, NJW-RR 2019, 1356). Ein Urteilstenor kann danach wie folgt formuliert sein:

„Die Beklagte wird verurteilt, den Überhang des Baums an der gemeinsamen Grundstücksgrenze bis zur Grundstücksgrenze zurückzuschneiden. Die Verurteilung steht unter dem Vorbehalt einer Ausnahmegenehmigung nach der örtlichen Baumschutzsatzung.“ (angelehnt an LG Hamburg, Urt. v. 02.08.2019, 304 O 91/17, BeckRS 2019, 55099)

Der Bundesgerichtshof betont, dass die Zivilgerichte prüfen sollen, ob eine Ausnahme überhaupt aussichtsreich erlangt werden kann. Sollte diese offensichtlich nicht erreichbar sein, soll die Klage direkt abgewiesen werden. Dies bringt die Gefahr mit sich, dass die Zivilgerichte über verwaltungsrechtliche Baumschutzsatzungen urteilen. Man kann deswegen überlegen, das Zivilverfahren auszusetzen (§ 148 ZPO) und die Entscheidung über den Ausnahme-/Befreiungsantrag abzuwarten.

Den Ausnahme-/Befreiungsantrag können sowohl der Baumeigentümer als auch der gestörte Nachbar stellen. Der Baumeigentümer wird häufig kein eigenes Interesse daran haben, weswegen die Antragstellung durch den gestörten Nachbarn der Regelfall sein dürfte. Die erforderliche Antragsbefugnis und ggf. auch spätere Klagebefugnis des gestörten Nachbarn (§ 42 Abs. 2 VwGO) wird von den Gerichten mittlerweile bejaht, während der Baumeigentümer gegen eine dem Nachbarn erteilte Genehmigung nicht klagen kann (OVG Saarlouis, Beschl. v. 07.06.2017, 2 A 361/17, NVwZ-RR 2017, 914).

5.4 Baumschutz in Gartendenkmälern

Eine spezielle rechtliche Konfliktsituation kann sich schließlich in historischen Parkanlagen ergeben. Solche Anlagen stehen häufig nach Maßgabe der Denkmalschutzgesetze der Bundesländer unter Denkmalschutz (Gründenkmal). Mit dem denkmalpflegerischen Auftrag können Pflichten einhergehen, die mit Baumschutzvorschriften kollidieren können. Die baurechtlichen Baumschutzvorschriften sind dabei unbedeutend, weil diese für Gartendenkmäler meistens nicht gelten.

Vor allem bei seit langem nicht gepflegten Parkanlagen können umfangreiche Maßnahmen erforderlich werden. Diese können auch die Entnahme von Gehölzen oder deren erheblichen Rückschnitt verlangen. Allerdings muss man eingestehen, dass die verantwortlichen Gärtner in historischen Parkanlagen in der Regel nicht rücksichtslos gesunde Gehölze entnehmen.

Werden dennoch einschneidende Maßnahmen am Baumbestand erforderlich, stellt sich die Frage, wie der normative Konflikt zu lösen ist. Auf der einen Seite schützen Baumschutzvorschriften die Gehölze. Auf der anderen Seite erfordert die Denkmalpflege Eingriffe in den Baumbestand.

Hierfür gibt es verschiedene Ansätze. Nicht überzeugend ist der Versuch, der Denkmalpflege einen rechtlichen Vorrang vor den naturschutzrechtlichen Baumschutzvorschriften einzuräumen (Moench/Otting, NVwZ 2000, 146; Hönes, ZUR 2006, 304). Eine solcher Vorrang ergibt sich nicht aus der Normenhierarchie. Auch sind die Vorschriften des Denkmalschutzrechts spezieller als die des Naturschutzrechts (Vornholt, Baumschutzrecht, 228).

Sinnvoll sind Lösungen durch eindeutige Vorschriften, die das Verhältnis der Vorschriften zueinander regeln. Zum Beispiel dürfen gemäß § 14 Abs. 1 S. 1 ThürNatG Baumschutzsatzungen keine Bäume in denkmalschutzrechtlich geschützten historischen Park- und Gartenanlagen erfassen. In Mecklenburg-Vorpommern gilt der gesetzliche Baumschutz nicht in denkmalgeschützten Parkanlagen (§ 18 Abs. 1 Nr. 6 NatSchAG M-V).

Auch in Baumschutzsatzungen lassen sich entsprechende Regelungen integrieren. Beispielsweise enthält die Baumschutzsatzung der Stadt Bad Homburg, deren Stadtgebiet unter anderem mit dem Schlosspark und dem Kurpark in besonderem Maße durch historische Gartenanlagen geprägt ist, eine solche Regelung zugunsten der Gartendenkmalpflege (§ 1 Abs. 3 lit. d) BSS Bad Homburg):

„Die Vorschriften dieser Satzung gelten nicht für […] Baumbestände innerhalb einer nach dem Hessischen Denkmalschutzgesetz geschützten Park- und Gartenanlage.“

Neben normativen Lösungen bieten sich häufig kooperative Lösungen an. Dazu können die zuständigen Stellen (Denkmalschutzbehörde, Naturschutzbehörde und Denkmalverantwortlicher) Vereinbarungen miteinander treffen. Darin können für einen bestimmten Zeitraum erforderliche Maßnahmen in der Parkanlage abgestimmt werden. Durch verbindliche Absprachen (öffentlich-rechtlicher Vertrag) können sogar Genehmigungen rechtssicher ersetzt werden. Dies hat den Vorteil, dass die Interessenlagen abgestimmt und in Einklang gebracht werden können. Dadurch verringert sich auch der Verwaltungsaufwand. Exemplarisch ist hierfür die Vereinbarung zwischen Landeshauptstadt Potsdam und der Stiftung Preußische Schlösser und Gärten aus 2006 (Rohde/Sautter, Stadt + Grün 5/2008, 26).

Alternativ ist zu überlegen, Parkpflegewerke und die gartendenkmalpflegerische Zielplanung rechtlich aufzuwerten. Diese zentralen gartendenkmalpflegerischen Instrumente sind bislang rechtlich unverbindlich. Es ist zu überlegen, diese als Fachplanungsinstrumente z. B. in das Denkmalschutzrecht zu integrieren. Durch Beteiligungsverfahren könnten die diversen Interessen von Denkmalschutz und Baumschutz oder Naturschutz allgemein einfließen. Am Ende kann dann eine rechtssichere Planung für mehrere Jahre oder sogar Jahrzehnte stehen. Entsprechende Ansätze sind bislang aber bundesweit nicht zu beobachten.

6 Literaturverzeichnis

AMTAGE, THOMAS; BÜTTNER, TANJA, Die baumschutzfachliche Baubegleitung: Ein Instrument zur Umsetzung des Baumschutzes auf Baustellen, in: DUJESIEFKEN, DIRK (Hrsg.), Jahrbuch der Baumpflege 2021, 225–233.

ANTONI, DANIELA; VORNHOLT, CEDRIC, Baumschutz beschleunigen durch Europarecht?, Baumzeitung 3/2023, 42–44.

BACHMANN, PETER, Baurecht und geschützte Natur- und Landschaftsbestandteile, NJW-Spezial 2020, 556–557.

BREUSTE, JÜRGEN, Die Grüne Stadt, 2019.

DIETZ, MARKUS; DUJESIEFKEN, DIRK; KOWOL, THOMAS; REUTHER, JANINA; RIECHE, THOMAS; WURST, CLAUS, Artenschutz und Baumpflege, 3. Auflage 2024.

DUJESIEFKEN, DIRK, Baumschutz und Schadensbegrenzung bei Baumaßnahmen – die neue RAS-LP 4, in: Ders. (Hrsg.), Jahrbuch der Baumpflege, 237–246.

DUJESIEFKEN, DIRK, Straßenbau und Bäume – die aktuellen Normen und Regelwerke zum Baumschutz, in: Ders. (Hrsg.), Jahrbuch der Baumpflege 2021, 143–152.

FORMANN, INKEN, Ein Garten vergisst nichts! Handlungsempfehlungen für Veranstaltungen in historischen Gärten, Stadt + Grün 01/2015, 25–31.

GÜNTHER, JÖRG-MICHAEL, Baumschutzrecht [Praxis des Verwaltungsrechts 10], München 1994.

GÜRLICH, STEPHAN, Die Bedeutung alter Bäume für den Naturschutz. Alt- und Totholz als Lebensraum für bedrohte Artengemeinschaften, in: DUJESIEFKEN, DIRK (Hrsg.), Jahrbuch der Baumpflege 2009, 189–198.

HEWITT, NICK; ASHWORTH, KIRSTI; MACKENZIE, ROB, Using green infrastructure to improve urban air quality, Ambio 2020, 62–73.

HÖNES, ERNST RAINER, Über den Schutz von Alleen, ZUR 2006, 304–310.

KLUG, PETER, Praxis Baumpflege – Kronenschnitt an Bäumen, 4. Auflage 2021.

LINGEMANN: Der neue § 2 EEG in der verwaltungsgerichtlichen Rechtsprechung, NVwZ 2023, 1634–1637.

MESSERSCHMIDT, KLAUS, Kommentar zum Bundesnaturschutzgesetz, Loseblatt, Stand: 06/2021.

MINISTERIUM FÜR WIRTSCHAFT, ARBEIT UND WOHNUNGSBAU BADEN-WÜRTTEMBERG, Städtebauliche Lärmfibel. Hinweise für die Bauleitplanung, 2018.

MOENCH, CHRISTOPH; OTTING, OLAF, Die Entwicklung des Denkmalschutzrechts (Teil 1) – Voraussetzungen der Denkmaleigenschaft, NVwZ 2000, 146–155.

MOSER, ANDREA et al., Stadtbäume: Wachstum, Funktionen und Leistungen – Risiken und Forschungsperspektiven, AFJZ 2018, 94–111.

OTTO, FRANZ, Die Verkehrssicherungspflicht und Haftung für geschützte Bäume, NJW 1996, 356–361.

PAULY, HOLGER, Bauleiter, Fachbauleiter, Bauüberwacher. Unterschiedliche Begrifflichkeiten und ihre Auswirkungen in Haftungsfällen, NZBau 2023, 568–574.

Pommnitz, Mark, Mangelnde Standsicherheit von Bäumen nach Baumaßnahmen – Gründe für einen sinnvollen Baumschutz, in: Dujesiefken, Dirk (Hrsg.), Jahrbuch der Baumpflege 2021, 278–285.

Rohde, Michael; Sautter, Verena, Denkmalpflege und Naturschutz im Miteinander. Erste Vereinbarung im Land Brandenburg – modellhaft?, Stadt + Grün 5/2008, 26–33.

Schneider, Wilhelm, Haftungsfragen im Zusammenhang mit der Verkehrssicherheit von Bäumen, VersR 2007, 743–760.

Schröer, Thomas; Kümmel, Dennis, Aktuelles zum öffentlichen Baurecht, NVwZ 2023, 30–34.

Schümann, Peter, Die kommunale Verwaltungspraxis bei verschatteten PV-Dachanlagen, DVBl 2023, 1503–1509.

Schwab, Karl, Städtebauliche Verträge, 2017.

Spannowsky, Willy; Pützenbacher, Stefan (Hrsg.), Bauordnungsrecht Hessen. Kommentar zugleich BeckOK HBO), 2020.

Steinberg, Rudolf, Baumschutzsatzungen und Baumschutzverordnungen, NJW 1981, 550–557.

Thode, Reinhold; Wirth, Axel; Kuffer, Johann, Praxishandbuch Architektenrecht, 2. Auflage, 2016.

Topp, Hartmut, Verkehr und Stadt. – Über die Integration der Verkehrsinfrastruktur in den urbanen Lebensraum, in: Braum, Michael; Bartels, Olaf (Hrsg.), Wo verkehrt die Baukultur? Fakten, Positionen, Beispiele [Bericht der Baukultur 3], 2010, 40–47.

Vornholt, Cedric, Bauaufsichtliches Einschreiten gegen Steinbeete (Schottergarten), Anmerkung zu: OVG Lüneburg Beschl. v. 17.1.2023, 1 LA 20/22, NVwZ 2023, 274–277.

Vornholt, Cedric, Baumschutzrecht, 2022.

Vornholt, Cedric, Die britische Tree Preservation Order als Vorbild für das deutsche Baumschutzrecht?, EurUP 1/2023, 49–56.

Vornholt, Cedric, Die grüne Stadt – Instrumente zur Stärkung grüner Infrastruktur, NVwZ 2023, 705–711.

Vornholt, Cedric, Keine Antragsbefugnis einer Naturschutzvereinigung zur Bewirkung eines Baumfällverbots, Anmerkung zu: VGH Kassel Beschl. v. 22.4.2022, 4 B 503/22, NVwZ 2022, 1477–1480.

Vornholt, Cedric, Rechtlicher Rahmen der Baumschutzfachlichen Baubegleitung, in: FLL, FLL-Verkehrssicherheitstage 2023, 135–146.

Vornholt, Cedric, Unzulässige Popularklagen gegen Freiflächengestaltungssatzung, Anmerkung zu: BayVerfGH Entsch. v. 8.5.2023 – Vf. 27-VII-21, Vf. 49-VII-21, NVwZ 2023, 1247–1249.

Vornholt, Cedric, Wald – Landschaft – Park: Die rechtliche Einordnung von Baumbeständen, Wertermittlungsforum (WF) 2/2023, 71–77.

Wedekind, Birgit; Klein, Melanie, Verkehrssicherungspflicht in Bezug auf Bäume im öffentlichen Raum, KommJur 2009, 257–264.

Zerbel, Matthias, Die neue Brandenburgische Baumschutzverordnung, LKV 2005, 536–540.

7 Abkürzungsverzeichnis

AFJZ: Allgemeine Forst- und Jagdzeitung
BauGB: Baugesetzbuch
BauNVO: Baunutzungsverordnung
BauR: Baurecht. Die Zeitschrift für das gesamte öffentliche und private Baurecht
BauuntPrüfVO: Landesverordnung über Bauunterlagen und die bautechnische Prüfung Rheinland-Pfalz
BayAGBGB: Bayerisches Ausführungsgesetz zum Bürgerlichen Gesetzbuch
BayBO: Bayerische Bauordnung
BayNatSchG: Bayerisches Naturschutzgesetz
BeckRS: Beck-Rechtsprechung
BNatSchG: Bundesnaturschutzgesetz
BGH: Bundesgerichtshof
BSS: Baumschutzsatzung
BSV: Baumschutzverordnung
BT-Drs.: Bundestagsdrucksache
BVerfG Bundesverfassungsgericht
BVerwG: Bundesverwaltungsgericht
BWaldG: Bundeswaldgesetz
DVBl: Deutsches Verwaltungsblatt
EEG: Erneuerbare-Energien-Gesetz
EGBGB: Einführungsgesetz zum Bürgerlichen Gesetzbuch
FLL: Forschungsgesellschaft Landschaftsentwicklung Landschaftsbau e.V.
HAGBNatSchG: Hessisches Ausführungsgesetz zum Bundesnaturschutzgesetz (mittlerweile außer Kraft getreten)
HBO: Hessische Bauordnung
HeNatG: Hessisches Naturschutzgesetz
HOAI: Verordnung über die Honorare für Architekten- und Ingenieurleistungen
KG: Kammergericht
KommJur: Kommunaljurist
KSG: Klimaschutzgesetz
LKRZ: Zeitschrift für Landes- und Kommunalrecht Hessen – Rheinland-Pfalz – Saarland
LKV: Landes- und Kommunalverwaltung
LNatSchG: Landesnaturschutzgesetz
Ls.: Leitsatz
LT-Drs.: Landtagsdrucksache

MBO: Musterbauordnung
NatSchAG M-V: Ausführungsgesetz zum Bundesnaturschutzgesetz Mecklenburg-Vorpommern
NJW: Neue Juristische Wochenschrift
NNatSchG: Niedersächsisches Naturschutzgesetz
NuR: Natur und Recht. Zeitschrift für das gesamte Recht zum Schutze der natürlichen Lebensgrundlagen und der Umwelt
NVwZ: Neue Zeitschrift für Verwaltungsrecht
NVwZ-RR: Neue Zeitschrift für Verwaltungsrecht Rechtsprechungs-Report
NZBau: Neue Zeitschrift für Baurecht und Vergaberecht
NZV: Neue Zeitschrift für Verkehrsrecht
WaStrG: Wasserstraßengesetz
OVG: Oberverwaltungsgericht
OWiG: Ordnungswidrigkeitengesetz
Rn.: Randnummer
TKG: Telekommunikationsgesetz
VerfGH: Verfassungsgerichtshof
VersR: Zeitschrift für Versicherungsrecht
VG: Verwaltungsgericht
VGH: Verwaltungsgerichtshof
VwGO: Verwaltungsgerichtsordnung
WF: Wertermittlungsforum
ZPO: Zivilprozessordnung
ZUR: Zeitschrift für Umweltrecht

8 Stichwortverzeichnis

Autor

Dr. Cedric Vornholt ist als Rechtsanwalt in Frankfurt am Main im öffentlichen Bau- und Umweltrecht tätig. Nach dem Studium und Referendariat in Münster und Frankfurt am Main promovierte er an der Universität Marburg mit einer Arbeit zum Baumschutzrecht.

Als Anwalt berät er Behörden, Unternehmen und Privatpersonen insbesondere in umwelt- und baurechtlichen Angelegenheiten, bei denen Rechtsfragen rund um Bäume regelmäßig auftreten. Als Referent und Dozent gibt er seine Erfahrungen im Baumrecht regelmäßig weiter. Daneben ist er auch Autor zahlreicher Veröffentlichungen zu baumschutzrechtlichen Themen sowie zu Verkehrssicherungspflichten bei Bäumen.

Foto: privat